戦略的に考えれば
進む道はおのずと
決まる

# 覚悟の論理

安芸高田市長
石丸伸二

Discover

# 戦略的に考えれば進む道はおのずと決まる

37歳、元銀行員。政治経験ゼロ。

政治の世界とは無縁の私が、地方の小さな自治体の市長になったのは、２０２０年8月のことでした。


幼いときから、田舎特有の、閉鎖的な空気が嫌いでした。

この小さいまちから早く出て、もっと広い世界に行きたかった。

地元・広島県安芸高田市（当時は吉田町）を出て京都の大学へ。卒業後は三菱ＵＦＪ銀行に入行。法人営業として2年半ほど仕事をしたあとは、アナリストとして世界経済や金融市場の分析を行い、その中でニューヨークにも駐在するなど忙しく働いてきました。

こうして、ずいぶん遠くまで来たことで、改めて、自分の出発点に意識が向かうようになったのです。私を生み、育ててくれた国に、まちに何か還元したいと。

久しぶりに生まれ育ったまちに帰ったときには「すさまじく寂れたな」と思いました。賑わっていたはずの商店街には、お店が数軒くらいしか残っていませんでした。私が出て行ってからの20年で、どんどんまちは廃れていった。

過疎化、少子高齢化、財政難。

さまざまな問題を抱える中で、大規模な「政治と金」の問題で、前市長が辞職。ベテラン議員が多くを占める議会は、機能不全の状態。そんな政治の体たらくを見て、多くの市民は「どうせこのまちは変わらない」と諦めモード。

それでも私は、今こそ政治を建て直すチャンスだと思いました。そして、このままでは消えていくまちを、どうにか未来に続けていかなければいけない。

**安芸高田市を、私が、何とかしたい。**

**そう思って市長になったのです。**

それから4年。地方の小さな自治体は、多くのメディアで取り上げられ、全国から関心を集めるまちになりました。

安芸高田市のYouTube公式チャンネルは登録者数25万人を超え、全国の自治体で最多に（2024年4月現在）。定例記者会見や市議会中継の動画が数十万〜数百万回再生され、切り抜き動画がバズっています。

ここまで注目を集めるに至ったのは、議会や地方メディアとの激しいやり取りを、まったく隠さずに行なったから。そして市長の私みずからSNSを駆使して情報発信し、**徹底して「政治の見える化」を行なったからです。**

なぜそこまでやるのか。やれるのか。
強い力を敵に回してまで信念を貫く、そんな「覚悟」はどうすれば持てるのか。
――そう聞かれることもあります。

おそらく多くの方たちが「覚悟」に情熱的なイメージを抱いているのではないでしょうか。

**しかし、私の考える「覚悟」は、情熱や使命感とは異なります。**

何かをしたいと思うときには、まず理性が必要です。

自分はどうありたいか、何に自分という存在を使うか。その目的に向かって、戦略を立てる。

リスクとリターンを分析し、「やったほうが得だ」と判断したことを、する。

情熱とはむしろ逆。**極めて冷静に、醒めた状態で思考した結果、おのずと決まっていくもの。それが「覚悟」です。**

この本では市長に就任してからの4年間で私が取り組んだことや、考えたことを通じて、覚悟が決まる仕組みについて紹介しています。

第1章では、私の考える覚悟とは何かを解説します。第2章から第4章では「役割と責任」「対立」「変革」という3つの切り口から、覚悟がどのように決まっていくか、その思考プロセスについて、市長としての経験もまじえてお伝えしていきます。そして第5章では、政治に限らずビジネス、地域活動など、さまざまな場所で覚悟をもって何かに対峙していくとき、どのように戦略を実現していくかという実践的な内容について語っています。

ぜひこの本で「覚悟の論理」に触れ、仕事や生活に生かしてみてください。

覚悟とは、極めて冷静なもの。
リスクとリターンの分析をすることで
静かに「決まっていく」のだ。

# 目次

## 覚悟の論理
### 戦略的に考えれば進む道はおのずと決まる

## 第1章 すべて自分で選ぶ



## 第2章 役割を引き受け、責任を果たす

## 第3章 対立を恐れない

## 第4章 変革を起こす



## 第5章 戦略的に突き進む

**購入者限定特典**

未収録原稿

**「人生のヒントは
まんがから学んできた」**

を、二次元コードよりダウンロードできます。
ぜひお楽しみください。

ユーザー名　**discover3042**
パスワード　**resolution**

https://d21.co.jp/special/resolution/

# 第1章

# すべて自分で選ぶ

「全ての可能性は願う事よりまず生まれる」

──『ARMS』（作・皆川亮二／小学館）

01

# 「この機を逃してはいけない」

**今やらないと。自分の使い道を間違ってはいけない。これは私が取り組むべき問題だ――。**それが2020年7月、市長選への出馬を決めたときの私の心境でした。

ある晩、テレビをつけると、ニュースに生まれ故郷の広島県安芸高田市の名前がありました。いわゆる河井夫妻選挙違反事件で元法相の河井克行被告から現金を受け取ったとして、安芸高田市の前市長は辞職していました。しかしその日「現在、市長選に立候補を表明しているのは副市長だけ」というニュースが流れたのです。

あれほどの政治とカネの問題が露呈したのに、前市長が後を託した副市長が、無投票で市長に繰り上げられようとしている。「誰か立候補しろよ」と思う反面、安芸高田市で生まれ育ち、〝田舎〟の雰囲気を知っている私には「やはり、そうなるだろうな」と納得できるところがありました。

よく言えば〝一体感〟、悪く言えば〝人を縛りつける同調圧力〟が地方の閉鎖的なまちには充満しています。特に若い世代が前に出ようとするのを許さない。出る杭は打たれまくる。

これは他の自治体の事例ですが、政治に関心を持った若い人が「立候補を考えている」と発言したところ、翌日にはその地域の有力者が家にやってきて「どういうつもりだ」と叱られた、という話を聞いたことがあります。

脅しのような露骨な形で出馬を断念させられたケースもあれば、「お前にはまだ早い。お前のためを思って言っているんだ」となだめられたケースも。地域の有力者に話を通しておかなかっただけで「俺に最初に話を持ってこないヤツはだめだ」と理不尽に怒られた人もいます。

そうした環境下、政治を正そうといった信念だけで立ち上がるのはやはり難しいだろうと思いました。

しかし直後にこう思い直したのです。

**だからこそ、自分が出ればいいのだ、と。**

37年間、政治とは無縁の生活を送ってきた私が、たった一晩で決断することができた。なぜなら、それは急な思いつきではなかったからです。長年にわたって私は、政治に対する問題意識を募らせていました。

## これが今こそ、自分のやるべきことだ

大学卒業後、三菱ＵＦＪ銀行に入行し、経済を分析・予測するアナリストとして働いてきた私が痛感したこと。それはどんな経済の問題も、突き詰めていくと政治の問題に行き着くことでした。特にニューヨーク駐在時に担当していたブラジルやアルゼンチンといった南米の国々では、政情不安が経済の不安定に直結していました。

かつては「経済一流、政治三流」と言われた日本ですが、政治が三流なら経済も三流になっていきます。**「一体何をやっているんだ」と政治に対する憤りがありました。**

ただ銀行員として忙しく働いていた私には、今すぐ自分が取り組むべき問題ともなかなか思えませんでした。先述した地方独特の空気もあって、30代という若さではなかなか応援してもらえないだろうな、とシビアに考えていましたし、政治家になるなら定年退職してからでも間に合うだろうと。

でも、あの晩ニュースを見たとき、まちを支配する空気が今まさに〝揺れている〟と感じたのです。全国ニュースになるような大事件が起きて、安芸高田市の市民も「これまでの体制ではいけん」と思っていないわけがない。

**今だ。この機を逃してはいけない。今なら私にできる。**――ニュースを見た翌日に会社に退職の意向を伝え、地元に飛んで帰りました。

## 何に当事者意識を持てるか＝誰の幸せを守りたいのか

政治に問題意識を持っている人は大勢いるはずです。でも多くの場合は、自分が政治家に立候補するわけではない。それは「自分の人生をかけるべき問題」と言えるほどの切実な問題意識ではないからです。今の自分にはそこまでの当事者意識は持てない、というのであれば、無理をして、その問題解決のために責任を背負う必要はないと私は考えます。

でも、ひとたびその問題に対して当事者意識が芽生えてしまえば、動き出さないわけにはいかない。それが人間の性なのではないでしょうか。

たとえば、社会的な活動に無関心だった人が、子どもが生まれることで地域の活動に積極的に参加し出したり、ＰＴＡの役員をみずから担ったりすることがあります。地域の問題が、自分や自分の家族の人生を左右する問題になったからです。その裏には「自分の子どもの幸せを守りたい」という切実な願いがあるはずです。

どんな問題に当事者意識を持つか。このテーマの裏には、**自分がどうありたいか、何を大事に思っているのかといった自分の真の欲求が隠れています**。人生の過程で「自分」と思える領域が拡張し、意識の及ぶ範囲が自分の家族、友人知人、所属するコミュニティ、国、などと広がっていくこともあります。
切実に当事者意識を感じる問題があったら「なぜ私はこれを自分のことのように思うんだろう?」「私にとって何が大事なんだっけ?」と問いかけてみると、それまで顕在化していなかった自分の望みに気づくことがあるのです。

あの日の私もそうでした。ニュースを見て「これは自分の問題だ」と思い至った。それは経験を重ねることで我がこととして感じる範囲が広がり、生まれ育った安芸高田市にも及んでいたからでしょう。安芸高田市を何とかしたい。それが私の心からの願いだ。であれば何としてもやりとげるしかない。そう思ったのです。

## 正しいことを言う政治家になると決めた

さて、政治家というとどんなイメージがあるでしょうか。状況が悪くなったらすぐに逃げる。「私は知りませんでした」「秘書がやりました」とごまかす。……そんな、これまでの政治家像に私は辟易としていました。

**私の考える理想の政治家は「良いことは良い、悪いことは悪い」をちゃんと貫ける人です。**正論、つまり道理にかなった主張を臆さずに話し、ロジカルに考えて動く。もし理想の姿を目指さないのであれば、他の人にやらせておけばいいだけです。私は、自分がやるからには本気でそんな政治家を目指したいと思いました。

そうして、私は市長選に立候補したのです。

02

# 戦略のない覚悟は「無謀」

自分はどうしたいか。何に自分を使うか。その目的が定まったなら、あとは目的達成のための効果的・効率的な手段を探せばいい。そこからは迷わずに合理的な選択をしていくだけです。

厳しい言い方をすれば、**「自分ならできる」と道筋を描けないのだとしたら、それはただ根拠なく思い込んでいるだけです。**

思い込み自体は悪いことではありませんが、思い込みだけの状態で何かに挑戦しようとしても、周りの人から「本当にできるの？」「こんなリスクもあるよ」と突っ込まれたり、ちょっとでも思う通りにならなかったりすると自分の気持ちが揺らいでしまい、「できないかも」と諦めてしまう可能性が高くなります。

何かに挑戦するときには、意思と能力の両輪が必要です。**「こうなりたい」と「こうすればできる」のどちらをも備えて、動き出すのが正しい挑戦だと考えます。**

戦略とは、自分がどの方向に向かっていくかを示したものです。

私の場合なら「安芸高田市を何とかしたい」という思いで政治の世界を志しました。政治家としては「自分の理想とする政治家像を実現したい」という戦略を、人口減少、少子・高齢化、そして厳しい財政状況の課題に直面している安芸高田市の市長としては「財政赤字を食い止め、生き残りを」という戦略を立てました。

## 状況を読み、「勝てる」道筋を見通す

これに対して私は「私ならできる」という読みがありました。

たとえば選挙。理想の政治家像を実現するにも、当選しなければ始まりません。突然「市長に立候補します」と言って、20年ぶりに帰省した私。それまで地元の選挙活動に加わったこともなく、立候補した段階では後援会すらありませんでしたが、正直に言って「勝てるだろう」と予想していました。

というのも、河井夫妻選挙違反事件ののち、前市長が「託せる人」とした前副市長が立候補したわけですが、当時の議会にいた議員18人全員が前副市長を支持していたのです。議会と前市長・前副市長の間で典型的な「持ちつ持たれつ」の関係があることは当然推測できる状況でした。それに対して、市民がおかしいと思わないわけがない。

そこに**これまでのしがらみとは無縁の私が「新しい政治」を掲げ、政治腐敗の流れを断ち切る存在として現れれば、勝機はある。**そう予想できたから、私は会社を辞めたのです。

また第2章で詳しく説明しますが、地方都市が抱えている一番の問題が財政難です。その点、私は経済の専門家。前職での15年の経験は、必ず市長としての仕事に生かせるだろうと自信を持っていました。

一方で、万が一うまくいかなくても、代わりの仕事を探すのは難しくないと考えています。つまり、**個人の人生にとって損失は限定されていたのです。**さらに言えば、社会においては一時的に失業者が一人増えるだけの現象です。

こうした論理の構築があってはじめて「私ならできる、やるべきだ」と覚悟することができたのです。

## 覚悟とは、極めて冷静に決まるもの

覚悟。本来は困難なことや危険なことを予想した上で、それに対応できるような心構えをすることを指す言葉です。

しかし一般的には「意を決する」「やるぞと心に決める」のような精神論で使用されることが多いように思います。

でも「こうすればできる」という拠り所のない決断は、私にとっては覚悟ではなく「無謀」。もしくは「行き当たりばったり」です。

**私にとっての覚悟とは、戦略立てて考えれば、おのずと決まっていくもの。リスクとリターンを冷静に分析し、それでもやったほうが得だと判断すること。燃えたぎる情熱、パッションとはむしろ逆で、極めて醒めた状態でするもの。**

覚悟を決めて、えいやっと動き出すのではいけないのです。むしろ落ち着いて論理的に答えを導けば、おのずと覚悟は決まるというのが私の考えです。

03

# 「感情に支配されるな」

ここまで述べてきた通り、私の大元の目的は「こうありたい」という自分の感情に根源があります。安芸高田市を何とかしたい。やるからには自分のなりたい政治家像を実現したい……。

自分に芽生えた感情を軽んじず、願いを叶えていくためには何が必要でしょうか。それは、逆説的ですが**「感情に支配されないための理性」**です。

簡単な例で説明します。たとえば私が、大のシュークリーム好きだとしましょう。だからといってシュークリームばかりを無制限に食べすぎてしまうと健康を害す可能性があります。「健康を維持しながら、シュークリームをおいしく食べたい」と思うのなら、どれくらいの頻度で、何個くらいまでなら食べていいのか、と頭で考えていく必要があります。

大好きという気持ちを大切にするには、理性が必要です。感情に支配されてしまっては幸せになれません。

ただし言うのは簡単ですが、これを実行するのは思いの外、難しいものです。往々にして、何でも自分の思い通りになるという状況はありません。時間や使えるお金、体力など、限られた条件下で、私たちは自分の欲望を満たす必要があります。しかし、感情に支配されてしまうと、冷静な優先順位がつけられなくなります。

またしても食べものの例ですが、バイキングに行くとき「絶対にデザートは食べたい」と思ったとします。胃袋には限りがあるのに、目の前の豪華な食事に魅了されるがまま、前菜、メインと食べまくっていては、デザートまで辿り着かなくなります。賢くバイキングを楽しみたいと思うなら、あらかじめ何を食べるかの優先順位をつけるはずです。

人生の選択でも同じことが必要です。**「こうなりたい」という目標が定まったら、そこからは徹底的にロジカルに考え、何をやるか、やらないか、優先順位をつけていく。**この優先順位が明確であればあるほど、目標を達成できる可能性は高まります。

## 自分の「幸せ」が定義できていれば、優先順位がつけられる

こうした考え方をするようになったのは、学生時代に経済学を学んだことが影響しています。

経済学というとお金儲けのための学問というイメージがあるかもしれませんが、経済学の大目的は「幸せになること」。幸せになるために、どのように資源を振り分けるのが最良かと考えるのが経済学です。

幸せになりたい。しかし、多くの場合、幸せになるための資源には限りがあります。たとえばひと月に20万円というお金で、もっとも幸せになるためには、何にいくらお金を使うべきでしょうか。

**この優先順位をつけるためにまず必要なのは、「幸せ」を明確に定義することです。**

住環境が充実していると幸せだと思う人は、家賃や家具などにお金を多く使うべきでしょう。家にはこだわりがなく、休みのたびに旅をすることが幸せだと感じる人は、

住宅にかけるお金を減らして旅行費の割合を増やすべき。そうしたことを判断し選択していくのが経済学のアプローチです。

この経済学のアプローチは、お金や時間などあらゆるものに応用できます。その場合も大前提として同じことが言えます。

幸せになるためにまずすべきことは、自分の幸せを定義すること。自分にとっての幸せとはどういう状態かをわかっている人は、その状態を目指して具体的に動き出すことができます。

## 私の幸福度は10段階のうち「2万」

余談ですが、市長として中学生に向けて話をすることがあります。

そのときも私は「幸せになるためには、まず自分の幸せとは何かを考えなければいけない」と話すのですが、その前段として「今の自分の幸福度はどれくらいか考えてみましょう。10段階でどれくらい幸せですか」と聞きます。だいたい今の中学生は「6」くらいのようです。

そこで私は「私が中学生の頃なら『8』と答えていたでしょう。では今の私の幸福度はどれくらいかというと……『2万』です」と話します。

だいたいの中学生が「10段階と言ったのに2万なんておかしいじゃないか」と納得のいかない表情をしますが。なぜそれほど私の幸福度が跳ね上がっているかというと、**これまでの人生において都度、自分の幸せを定義し、それを手に入れるための行動をし、達成してきたからなのです。**

## 自分の理想像を冷静に見つめる

幸せやありたい姿を定義し、それを目指して物事に優先順位をつけ選択していく。そのためには、自分のことを客観的に見つめ、ありたい姿と比較していく必要があります。自分のことをそこまで冷静に見つめるのは、なかなか難しいと考える人もいるでしょう。そういうとき私は、**「自分の考える理想の自分」と「今の自分」が対話しているようなイメージで考えることがあります。**

たとえば矢沢永吉さんには「俺はいいけどＹＡＺＡＷＡがなんて言うかな？」という名言がありますよね。これは矢沢さんが泊まるホテルについて、手違いで小さな部屋を取ってしまったスタッフが謝罪したことに対する発言のようですが、実際の文脈はさておき、「俺」と「ＹＡＺＡＷＡ」の人格を分けているところが興味深いです。おそらく矢沢さんにはロックミュージシャンとしての理想像が明確にあり、それを「ＹＡＺＡＷＡ」と表現されているのでしょう。

それと同じように……と言うのはおこがましいですが、自分の理想像を今の自分と切り離してみる。自分の名前をフルネームで呼ぶ機会はなかなかないですから、**あえて「石丸伸二ならどうするかな？」といったように考えてみると、少し自分を客観視することができます。**

自分を冷静に見つめ、ありたい方向に向かって合理的な選択をしていく。自分の感情を大切にし、幸せになる、そのためにまず必要なのが理性です。

銀行員を辞めて市長に立候補することも、議会を敵に回してもいいから居眠りを指摘することも、一見、思い切った決断のように見えるかもしれません。しかし、私の中では論理的に考え、結論を導いただけだったのです。

04

「誰にやらされるでもなく、自分で選ぶ。だから人生は面白い」

市長になってから、「大変ですね」と声をかけていただくことが増えました。
確かに石丸伸二という個人の人生だけを考えたら、市長という仕事は全然、割に合わないです。

先日、大阪出張からの帰りに新幹線に乗りました。その日は一日中仕事が立て込んでいて、家に帰ってからも夜にＹｏｕＴｕｂｅのライブ配信を控えている状態。
事前に話すことを考えながら、ＰＣで事務作業を片付けていました。

ふと前を見たとき、席の合間から、前の席に座っている男女の様子が目に入ったんです。寄り添い、ぴったりと頭をくっつけていました。
「旅行でもしていたのかな」と微笑ましく思いながらも、それを見ていたらちょっとだけ「あー、楽しそうだな。ああいう人生もあったのかな」なんて考えてしまいました。

でも同時に、こうも思ったのです。

**「若い二人がのんびり旅行できる、この日常の豊かさを次世代にも残していきたい。だから頑張ろう」と。**

個人という人生だけを考えたら割に合わなくても、自分という存在をうまく使うことで、多くの人の何気ない幸せな時間を守ることができるかもしれない。そうすれば自分一人の幸せを追求するよりも、もっと大きな幸せや満足感を得ることができる。

**リスクは限定されていて、リターンがものすごく大きい。市長を担う選択は、金融の人間としても〝買い〟なのです。**

## 自分のやるべきことを自分で決められる幸せ

思えば私たちは毎日、ものすごい数の選択をしています。晩ご飯は何を食べるか、お風呂は何時に入るか、といった小さな選択から、どこに進学をするか、どんな仕事に就くか、などの大きな選択まで。数えきれないほどの選択の積み重ねこそが人生であるとも言えます。

もちろん選択をするうえで、何らかの制約はあります。思い通りに何でも選べるわけではありません。それでも今の時代、日本で生活していれば何かしら選択はできるはずです。しかしほんの１００年前に遡れば、今のようには選ぶことができない社会がありました。

そう考えると、自分で選べるというのはとても贅沢なことです。自分や家族の幸せを追求するのもいいし、自分の所属するコミュニティのために力を注いでみるのもいいでしょう。

## 覚悟が決まれば、充足感が得られる

誰にやらされるのでもなく、自分で選ぶ。それはありがたい権利であるとともに、選択の責任を自分で背負うということでもあります。その責任を重いと考える人もいるかもしれません。誰かにやらされているほうがむしろ楽だと。

特に日本では私と同世代の40代前後で、とても疲れている、心がすり減ってしまっている人たちが多いような気がします。

会社でも責任のあるポジションに就いていて、日々忙しく、やらなければいけないことをこなすのに精一杯。家に帰ると掃除もできないくらい、ぐったりと疲れている。そんな状態で「何かをしたい」「こうありたい」といった自分の気持ちに気づけなくなるのは当然のことです。

それでも、ちょっとしたときに「自分が本当にしたいことって何だっけ」と考えてみてください。

**自分で選ぶからこそ人生は面白いし、満足できる。覚悟が決まっている人こそが人生を満喫できるのだと私は思います。**

誰のせいにもせず、自分の願いに向かってロジカルに突き進む。自然と覚悟が決まっていく。そうしてこそ得られる充足感がある。それは、「生きている」という唯一無二の実感。

第2章からは、その覚悟がどのようなロジックに支えられているのか、もう少し詳しく私の考えをお伝えしたいと思います。

# 第2章

# 役割を引き受け、責任を果たす

「自分の立場をきちんと理解して
その立場であることが恥ずかしくないように
正しく振る舞うことかな」

──『鬼滅の刃　第4巻』（作・吾峠呼世晴／集英社）

05

# 「それぞれの立場に相応しい行動を選択する」

自分だけで生きられる人はいません。私たちは人との関係性の中で生きています。自立した大人であるならば、**それぞれの関係性の中で自分がどのような立場にあるかを理解し、その立場に相応しい行動を選ばなければいけない。**

これが私の考えです。

2024年1月に開催した「あきたかた二十歳のつどい」では、20歳を迎えた方たちに向けて、まんがから学ぶ、誇り高い生き方について話をしました。

そこで私が紹介したのが『鬼滅《きめつ》の刃』（作・吾峠呼世晴《ごとうげこよはる》／集英社）。全23巻の作品ですが、4巻にこんなエピソードが出てきます。

---

主人公の竈門炭治郎《かまどたんじろう》は鬼殺隊剣士の我妻善逸《あがつまぜんいつ》・嘴平伊之助《はしびらいのすけ》と仲間になります。

泊まっていた宿を発つとき、お世話になったおばあさんからこう言われます。「どのような時でも誇り高く生きてください」と。

すかさず伊之助が「どういう意味だ？」と聞きます。

誇り高く生きるとはどういう意味か。なかなか即答できない問いです。

その際に、15歳の炭治郎がこう答えるのです。

「自分の立場をきちんと理解して、その立場であることが恥ずかしくないように正しく振る舞うことかな」


この炭治郎の言葉を引用しながら、私は20歳を迎えた方たちに向けて「立場」について語りました。

**私たちには与えられた立場、持って生まれた立場というものがあります。**たとえば家族の中での立場です。子どもという立場。孫という立場。

さらに年齢を重ねていくと、自分で得る立場というものが増えていきます。職場での立場や地域での立場。与えられたものではなく、**みずからの意思で選んだ、決めた立場です。**

こうしてまんがを引用しながら、これから社会に出ていく方々に向けて、「それぞれの立場において、正しい振る舞いをこれからも意識してみてください」と話したのです。

## 自分が担うべき役割から逃げていないか？

小さな子どもに自分の立場を意識せよと言っても、なかなか難しいものがあるでしょう。たとえば学校では、先生に文句を言ったり、授業中についはしゃいでしまったりする子どももいますよね。

でも本来は、先生と生徒という関係の中で、先生だけでなく生徒のほうにも、その立場に相応しい振る舞いや行動というものがあるはずです。生徒という立場をちゃんと意識すれば、学ぶための態度を取らなければいけないとおのずと見えてきます。

そう言いながらも、私も子どもの頃にはちっとも理想通りできていませんでした。特に親には、わがままばかり言っていたような気がします。でも、今になってみればわかります。あれは子どもだから許されていた甘えであって、大人になってからも同じことをしてはいけません。

社会に出て、生きる。そこで相対するのは自分と違う人間です。自立した大人ならば、良好な関係を築くために、自分の立場をきちんと理解して、その立場であることが恥ずかしくないように正しく振る舞わなければならないのです。

15歳の炭治郎ですらわかっていることですが、社会に出て経験を積んだ大人でも、自分の立場を意識した振る舞いができないことはよくあります。

たとえば仕事で、自分のやるべきことをせずに部下や上司の文句ばかり言っている人は、自分の立場を意識できているでしょうか。**自分が担うべき役割から逃げていないでしょうか。**

## 周りから何を期待されているのか意識する

役割というと割り当てられた仕事やミッションのように大きく捉えがちですが、小さな行動ひとつとっても、そこには自分が果たすべき役割があります。

たとえば挨拶が良い例です。

会社などの共同体の構成員としての立場を意識してみると、挨拶の正解は「明るく、元気よく」。この一択です。なぜなら、同じチームの人の機嫌が悪かったり、元気がなかったりすると、チーム全体に良い影響を与えないからです。

気持ちが沈んでいる日は誰にでもあります。自分を労ってほしい、心配してほしい人がわざわざ暗く挨拶したいというなら止めませんが、人間関係でプラスに働くことはあまりないと思います。

私なら、挨拶の場面では**自分がどうしたいかよりも、周りが私に期待する役割を果たそうと考えます**。元気よく「おはようございます」と声をかけたほうが、「この人と一緒に仕事をしたいな」と思ってもらえるはずです。

## あえて柔らかい面を見せて、コミュニケーションを円滑にする

「周りの人がどう感じるか。私にどんな役割を期待しているか」を意識して、ささいな振る舞いひとつであっても、どうあるべきかと考える。特に市長という立場を得てからはなおさら、そのことを意識しています。

市民により良い行政サービスを提供するためには、職員が私に対して萎縮してしまうのは良くないです。でもメディアを通じて、私が厳しく主張を展開する映像が多く流れているので、市の職員から「怖い」「近寄りがたい」と思われる可能性が十分にある。

だから職員に対しては、**自分の柔らかな部分や、ちょっとコミカルな一面も意識してさらけ出すようにする、といったように工夫しています。**

実は、元々の私は、明るく口数の多いタイプではないのですが、これも市長という立場の役割だと考えています。

ここまで書くと「腹黒い」「計算ずく」と思われるかもしれませんが、市長という職に就いている間は、その立場をちゃんと意識して、相応しい振る舞いをしなければならないと思うのです。

06

「本来なら
手本になるべき大人が、
若い世代の
邪魔をしては
いけない」

２０２２年11月、国際子ども平和賞を受賞して注目を集めた川崎レナさんという方がいます。当時17歳の川崎レナさんは受賞スピーチの中でこのように発言されました。

**「39歳の市長が居眠りする議員に向かい『恥を知れ』と叫んだとき、日本はまだ変われる、私はそう思うことができました」**

名前は出ていませんが、この市長とは私のことでしょう。

これを聞いて、とても申し訳ない気持ちになりました。

彼女のスピーチはその後、こう続きます。

「政治家として議会で寝ないのは普通のことのはずです。政党や思想関係なく、その普通を取り戻そうとしてくれている大人たちがいる限り、日本は私が誇れる国になれるはずです」

一応褒めてもらってはいるのですが、普通のことができたら褒めてもらえるなんて、大人としてあまりに次元が低すぎないでしょうか。

当たり前のことができて「えらいね」と言ってもらえるのは、本来なら小さな子どもです。小さな子どもが玄関で靴を揃えられたら、親から「えらいね。よくできたね」と言ってもらえるように。これではまったく逆ではありませんか。

さらに川崎レナさんは、別の機会に大人対子どもということではなく一緒に何かできたら、これまでになかった解決策が出てくるのではとも話されていました。何とできた若者なんでしょう。

**本当ならば、大人の役割とは子どもたちの手本になることです**。そこまでいかなくても、せめて一緒に問題解決に取り組んでいきたいし、最悪でも子どもたちの邪魔だけはしてはいけない。

川崎レナさんは大人たち、特に政治家に向けてこう呼びかけています。

「政治家である前に、かっこいい大人になってください」

**かっこいい大人とは何でしょうか。**

**私は、立場というものをしっかり理解し、その中で何をなすべきかわかっている人間のことを言うのだと思います。**

彼女の「かっこいい大人になってください」という言葉を、いつも忘れずにいたいです。

## 理想を追いかけたいという思いに、年齢は関係ない

若い世代の方たちから見ると、自分より上の世代がうっとうしいと感じることは多くあるでしょう。私自身も、若者から見ればその世代に入ってきていると思います。

でも本当は、年齢関係なくあるべきことを実現したいと思っている人は、います。最近では「老害」という言葉が広がり、若者世代と上の世代が対立構造で語られることも多くありますが、上の世代にもちゃんと若者を応援していきたいと思っている人はいるのです。

そのことを私は、自分が選挙に出ると決めたときに実感しました。政治経験もなく何の後ろ盾もない私が、出馬するとだけ決めて故郷に帰ったとき、まっさきに応援してくれたのは60代〜80代の方たちだったのです。

近所のおじいちゃんおばあちゃんに「選挙に出ようと思って帰ってきたよ」と言うと「えー!」と驚かれました。「後援会はあるんか」と聞かれ「ない」と答えたら「それはいけん」と言ってつくってくれた。そして当選まで私を支え続けてくれた。

**だから私は選挙の期間中「若い力で選挙を戦う」とは一度も言いませんでした。**私自身は30代でしたが、選挙を戦う力は、確実にシニア世代から来ていたからです。

## 周囲からの応援を力に変える

おそらく近所のおじいちゃんおばあちゃんは、会社を辞めてわざわざ帰ってきた私を見て「これだけ思いのある人を選挙で落としたらいけない」と思ってくれたのでしょう。だから全力で応援してくれた。

マラソンや駅伝では、沿道に集まった人たちが走る人に向けて「頑張れ！」と声をかけているのをよく見かけます。縁もゆかりもない人たちがなぜ応援してくれるのか。頑張っているのがわかるからです。

私も選挙を手伝ってくれた人たちから「頑張れ！」と期待されて、当選後、市長として果たすべき役割を強く実感しました。役割とは自分がどうしたいかだけではなく、他者からの期待も背負うもの。**関わる人からどう見られているか、何を望まれているかという視点でも考えることが大切です。**

これまでの人生の中で、市長になった今が一番自分の役割を鮮明に、強く感じています。それは多くの人に期待されているからです。

# 07

「このままでは
消えるまちを、
持続可能な
まちへ」

自分の立場、役割を明確に意識できると、おのずと自分が何をすべきかが見えてきます。

一般的に市長の役割とは何かを考えると、そのまちに住む人たちの暮らしを守ること。もう少し具体的に言えば、必要な行政サービスを供給し続けることです。

しかし、安芸高田市に限って言えば、抜本的な財政健全化を進めるのが市長としての重要な役割だと考えていました。

## 「平成の大合併」後、財政難を抱える地方都市たち

ここで、安芸高田市を含む多くの地方自治体が今抱えている問題について簡単に説明したいと思います。

1999〜2010年、日本では行政の効率化や地方分権の推進などを目的に、国の後押しで市町村合併が進められました。「平成の大合併」と呼ばれます。

国は合併を促すため、合併した市町村や都道府県に対し、財政の特例措置を設けて

きました。簡単にいえば「２００５年までに合併すれば、特別なお小遣いを合併後15年間は支払いますよ」という支援です。そのお小遣い目当てに、全国各地で駆け込み合併が相次ぎました。

安芸高田市も、この平成の大合併でできた市です。２００４年3月、高田郡吉田町、八千代町、美土里町、高宮町、甲田町、向原町が合併して誕生しました。

さて、問題は**特別なお小遣いをもらえなくなってからも、市の財政を維持できるのかということです。答えはノー。**多くの自治体が今、この問題に直面しています。

本来であればお小遣いをもらえている間に、行政を効率化し歳出を減らしていかなければいけなかったのですが、安芸高田市では、私が市長に就任する以前は5年連続で財政赤字を垂れ流している状況でした。

## 自治体の半分近くが「消滅」してしまう

さらに、この先はより状況が悪化することが予想されます。まず人口減少、高齢化によって入ってくるお金が減り、出ていくお金が増えます。

国から交付される地方交付税の金額はかなりの部分が人口で決まりますから、人口が減れば交付税が減り続けます。安芸高田市では、２０２０年からの20年間で23億円減少する見込みです。

一方、社会保障制度などで使われる扶助費は、高齢化を背景に20年間で15億円増加すると言われています。

くわえて80年代のバブルの頃に造ったインフラや橋、公共施設の更新の時期がだいたい20年後にやってきます。

**このままいけば地方都市は、財政的に維持できなくなって、かなり消滅するでしょう。**「人口戦略会議」による『令和６年・地方自治体「持続可能性」分析レポート』で、全国１７２９の自治体のうち７４４が消滅する可能性があると発表されました。安芸高田市もそのひとつです。

## 未来のために、「やめる」決断も必要

これまでは貯金を切り崩すことで、なんとかその場をしのいできました。でも今、本当にやらなければいけないのは「この事業はやめます」「この建物はなくします」と整理して、出ていくお金を減らすことです。

でも、安芸高田市を含めて多くの自治体が、そこに着手してきませんでした。少なからず地域住民の反発を招くからです。

安芸高田市は6つの町が合併して市になりましたが、それぞれの町で始まった事業を市が受け継いでいました。また市費を投入している施設の多くは経営状況が悪く、年々市の財政を圧迫しています。**未来のためには、全体最適を考えたうえで削るところは削って、歳出を減らしていくしかない。**

「入ってくるお金のほうを増やすことはできないの？」と疑問を持たれる方もいるかもしれませんが、基本的には無理です。

安芸高田市の自主財源は3割弱しかありません。国からもらう交付税は人口減で減り続ける。ふるさと納税は強力な特産物がない地域だと難しい。基本的には、出ていくお金のほうを何とかしなければ生き残れないのが現状です。

08

# 「悪名は無名にまさる」

これまで私が議会、また地元新聞記者を相手に公の場で堂々と対峙してきた裏側には**「何としても安芸高田市に関心を持ってもらい、全国に発信したい」という思惑がありました。**

だからこそ、言葉は悪いですが、燃やせるものは何でも燃やしてきたのです。**炎上商法と言われても構わないと思ってきました。**

実際、私が市長に就任してから全国的な注目が集まり、ふるさと納税は2億円から4億円へと2倍に増えました。

また、ＹｏｕＴｕｂｅの市公式チャンネルで、毎月２００万円の収入が入るようになりました。さらに、たくさんの方が安芸高田市を訪れ、安芸高田市の商品を購入してくださっています。インターンシップには、何十人もの学生が参加するようになりました。

**悪名は無名にまさる。**

**これは安芸高田市の生き残り戦略です。**

知名度・認知度を上げたいと思う一方で、私自身が人気を得ようとは思いません。逆に、**私が悪者になることで市が20年後もあり続けられるのだとしたら、明らかにそのほうが得です。**

そういう損得勘定をしたうえでの覚悟があるから、迷わずに進み続けることができるのです。

## 市民を信じているからこそ、言うべきことは言う

だからこそ、この財政難の問題を隠さずに市民に打ち明けてきました。数字の力は大きく、今後の予測を示したグラフをもとに説明すれば、市が抱えている問題の深刻さは明らかです。

このままでは20年後にはこのまちはつぶれます。つぶさないためには、行政サービスの取捨選択をするしかないです。――そんな話はたいてい嫌がられます。市民のみ

なさんの多くが「聞きたくない」と思ったことでしょう。議会からも文句が出ました。

行政サービスの取捨選択をするとは、近くにある図書館や公民館がなくなるかもしれないということです。行政サービスを増やしてくれるならまだしも、減らすとは何事か。そうした反発が必ず来るから、これまでの市長は手をつけられなかった。

さらに2期目、3期目を考えるのであれば、この問題は曖昧にしておき、聞こえの良いことを言っておいたほうが得策でしょう。

でも私は、この財政危機について積極的に市民に伝えてきました。1期の4年間でできる限りこの問題に着手することを決めて、市長になったのです。年間の経費が約2000万円かかる美術館をはじめとした公共施設の廃止、補助金の廃止など、市民の反対を受けると予想できることにもどんどん取り組みました。

「知らされない」ということには大きな問題があります。これまで市民は、この財政危機の現状を聞かされることがありませんでした。

**市長が評判を落とすとしても、自分のまちがこれからどうなるのか、20年後にどんな未来がやってくるのか、市民には知る権利があるのです。**

もしかしたら私の説明を理解できず、または楽観的な希望が捨てられない市民は「石丸はいい加減なことを言っている。もう辞めてほしい」と言うかもしれません。市民の多くがそう判断するのなら、仕方ないと思っています。

**しかし、私は市民を信じています。説明すれば、きちんと理解してもらえると。信じているから、言うべきことは、言う。**

## リスクとリターンを分析して戦略的に動く

このように決断できるのも、私自身が支持を失うリスクと、市や市民が得られるリターンを天秤にかけた上で、「これならやる意味がある」と合理的に判断しているから。そして財政危機の問題に対峙することが、安芸高田市の市長の役割であると強く認識しているからです。

普通はもう少しソフトなやり方を選ぶのかもしれません。そうしないのは安芸高田市を預かる市長の立場がはっきりと理解できているから。

**目的が明確なのであれば手段を選ばず、戦略的に動いていく。**これは当たり前の話です。

自分の役割を明確に意識し、それを果たしたいと思うから、リスクがあることも選択できる。それが真の覚悟です。大胆で情熱的に見える意思決定の実体は、冷静な覚悟にほかなりません。

09

# 「問題を、世間にあえて知らしめる」

市長選の公約には「政治再建」「都市開発」「産業創出」の3つを掲げました。中でも私が注力したのは政治再建で、これは市民の意識改革とほぼイコールだと考えています。

人はなかなか変わりません。正直、**今の議員の態度が改まるとは、私は1ミリも思っていません。つまり議会の機能不全を解決するには、議員が入れ替わるしかない。**だからこそ有権者である市民の意識が重要です。ところが政治はあまりに関心を持たれていなすぎる。

まずは「あれ？」と市民に政治のほうを見てもらう。そして「ちゃんと仕事をしているのか？」「このままでは安芸高田市はなくなってしまうのではないか？」と問題に気づいてもらう。そうやって**市民が、政治家を見張っていかなければ、政治はどんどん腐敗していってしまいます。**

権力の監視は、本来誰がするべきなのか、という問題はあります。やはり、その役割を担うべき存在として大事なのがメディアでしょう。国家三権である司法、立法、行政に次ぐ第４の権力と呼ばれるメディアは、今も権力の監視機関として絶大な影響力を持っていると思います。

ただ、長い年月をかけてメディアは、どこか政治との境目がなあなあになってきているというのが私の印象です。**悪く見ると、権力に擦り寄っている、飲み込まれている面がある。**もっと積極的に監視してほしいと思っています。

これは議会に対してだけでなく、市長である私に対しても同様です。そうでなければ二元代表制がきちんと機能しているのか、市の問題が正しく議論されているのか、市民は確かめようがありません。見かけ上はうまくいっていても、蓋を開けてみればなれ合いになっている可能性がある。

## 問題をその場でごまかさず、世間に知らしめる

運の良いことにＳＮＳが普及し、市長である私が直接市民に語りかけることができ

るようになりました。この機にこそ、マスメディアに期待しているだけでなく、市民に「こんな問題が起きていますよ」と知らしめなければ。

居眠りの問題も、その場で当人に注意して終わりにすることだってできたのです。そうすべきだ、わざわざSNSで言うような問題か、といった声があるのも知っています。**でも市民や世の中に知ってもらうべきだと思ったから、わざわざ発信しました。**

そして次第に、市政の何が問題なのか、市民のみなさんも気づき始めたと思います。人口約2万7000人の市に、全国からも関心が集まってきました。

そして今、安芸高田市の市民の意識は間違いなく変わったと思います。次の市議会議員選挙では「ちゃんと仕事をしてくれる人に」と行動が変わるでしょう。そして、当選後も「本当にちゃんと仕事をしている？」と注目し続ける。

権力の、議会の監視体制がここに完成したと言えます。だから、公約に掲げたうちの「政治再建」については、市長になってからこの約4年間でほぼ達成できたと考えています。

10

# 「未来のために最良の選択をし続ける」

安芸高田市が直面する問題は、安芸高田市だけの問題ではありません。**全国のあちこちの地方自治体で同じようなことが起きています。**そして首長であれば、その問題を必ず知っているはずです。

たとえば2015年に自治体は、総務省から言われて公共施設等総合管理計画というものをつくりました。基本的にはすべての自治体がつくっているはずです。その中で、今自治体が所有している公共施設が全体でどれくらいあって、管理維持や更新のために将来どれくらいお金がかかるかを試算しています。

長期的に見てどのような手を打つ必要があるのか、どれくらいハコモノと言われる施設を減らさなければいけないのか、その時点で試算しているはずなのです。

安芸高田市では2015年時点で、公共の施設の30％以上を削減しなければ厳しいということがわかっています。これを「5年以内に取り組めるものは行財政改革として削減を実施する」と言っていたものの、5年後の2020年時にはほぼ進んでいませんでした。理由は簡単です。住民に反対されるからです。

これと同じようなことが多くの地方自治体で起きています。特に人口減少が顕著な地方のまちが抱える問題は深刻です。

政治家はこの問題に気づいていますが、**嫌われ役をやる覚悟がなければ、この問題の解決には着手できません。実際、多くの人たちが問題を先送りにしています。**

## このままではどんな未来が待っているのか、現実を見つめる

問題の深刻さはわかっていても、自分が泥をかぶりたくない。それも人間としての素直な感情だとは思いますが、そう思う人は政治家をやってはいけないと私は考えます。

自分の好感度や票欲しさに、今住んでいる人たちに甘いことを言って、市の未来を奪うなんて、言うなれば騙すようなことです。政治家の役割とは、現在だけでなく未来のために最良の選択をし続けることではないでしょうか。

自分が生きているうちは何とかやり過ごせるのだから、それでいいと思っている人

もいるでしょうか。はっきり言って、それは甘いです。この高齢化の時代ですから、60代の方たちも、20年後というとまだまだ存命でしょう。20年後にまちが本当の危機を迎えたとき、一番苦しむのは、実は今60代や70代の人たちではないかと私は思います。なぜなら若い人たちのほうが、危ない場所から素早く逃げられるからです。

この20年の間に、若い人からどんどん消えそうなまちを抜け出していくことでしょう。逃げられないのは主に高齢者や、さまざまな理由で出られない弱い立場の人です。そういう人たちばかりが、破綻寸前のまちに取り残されれば、すさまじい地獄を見ることになります。

そうならないためにも今から動き出さなければいけないのです。

**自分のまちが20年後どうなるのか。自分たちのまちの政治家は、こうした問題に正しく対処しているのか。現実を知り、選択することが住民一人ひとりに求められています。**

ましてやまちの問題に真っ先に対応すべき政治家が、未来から逃げて「今が良ければそれでいい」と考えるなんて、あってはならないことです。

# 11

「振り上げた拳は振り抜くだけ」

私は、市長をずっとやるのは自分のやるべきことではないと考えています。もちろん期数を重ねて多くの政策を実現しようという考えの政治家もいるでしょう。でも私はそうは考えていません。

安芸高田市の発展のためには、誰が市長になったとしてもうまくいくような市にする必要がある。**私でなければできないことをやり続けていくのでは、改革は成し遂げられません。**

「市長の椅子に座り続ける」というのを目的にしてしまうと、自己保身がまかりとおることになります。これは権力の私物化そのものです。

自分がずっと市長をやるのではなく、自分がいなくても回る市政や組織をつくることを目指すべきです。

市民の関心を集めて監視体制をつくることや、政治再建に力を注いできたのは、こうした背景があったからです。**一人ひとりの意識が変わり、現実を直視し、問題意識を持つことによって政治家のほうも行動を変えざるをえなくなっていく。**誰が市長になってもうまくいくような市をつくるには、何よりも市民の意識改革が大切です。

ですから市長になる時点で私はこの1期、4年間の中で最大限にできることをやりきろうと思っていました。それに対する自分の評価をもって次を決めようと。「市長の椅子に座り続ける」というのは私の役割ではないのだろうと思います。

ただ、私は相当な危機感を持っています。今私がやっているようなことは、いわば延命措置です。この20年の間に地方のまちが変わらないと、いずれは日本は地方から崩壊が始まるのではないでしょうか。

だからどこかで「おかしい!」「このまま行ったらつぶれるよ!」と叫ぶ人が必要で、それが私の役割なのだと。

## 拳を振り抜く姿を、世の中に伝えるという役割

議会を敵に回せば、政策は通らない、やりたいことができない。今の議会と私との関係で、どれだけ提案しても否決されるのは目に見えている。それでいいのかとよく聞かれます。私もそのことはよくわかっています。ただ、議員の機嫌を損ねようとも

正論を主張し続けるのは、私が自分の役割をわかっているからです。

**振り上げた拳は振り抜くだけ。たとえ相手が倒れなくてもいい。**

**その拳を振り抜くのを市民が見ている。メディアが、世の中が見ている。**

これも誰かがやらなければいけないことではないでしょうか。

おかしいことをおかしいと言う政治家がいて、住民たちがちゃんと政治を見るようになる。正常な判断ができる人たちが政治の世界に入ってきてくれる。そのうちにやっと変わり始めるでしょう。安芸高田市以外でも「うちのまちの議会にも寝ている議員がいるんだけど、これってやっぱりおかしいよね！」という声があがり始めるはずです。

住民が変わればまちが変わる。

地方が変われば日本が変わる。

私は本気でそう信じているのです。

12

# 「劇場型政治」と言われてもいい

まずは政治に関心を持ってほしい。これが私の願いです。そのため手段は選ばず、使えるものは使い、「劇場型」と言われようが何としても関心を集めようとしてきました。

そこまでした理由はこれまで述べてきた通りで、市民が政治に関心を持たなくなれば、政治の腐敗はどんどん進んでいくから。

しかし私は若者の政治離れという言葉が嫌いです。若者たちの投票率の低さがすぐに問題視されるのですが、投票率が上がらないのはある意味、当然ではないでしょうか。

投票する先がないから。

川崎レナさんの言葉を借りるなら、**政治家に「かっこいい大人」がいないからです。**

だから、**若者たちの意識に責任を押し付けないでほしいです。**まず投票できる先がないことが問題なのですから。当たり前のことを当たり前に行動し、ダメなことをダメと言える政治家がいない。投票したい人がいたら、みんな当たり前のように選挙に行きますよ。

ところが、少し表現が過激かもしれませんが、**政治という世界は「まともな人ほど寄りつかない」ところでもあります。**

なぜなら、まともに頑張っても道理が通らなそうだからです。理屈が通らず、よくわからない力によって左右されることがある。これではまともな感覚を持った人ほど関わりたくない、出ていきたくなるのは当然です。

それでもまともな人が、まともな感覚で入ってきて、おかしいことはおかしい、ダメなことはダメと言っていかなければいけない。そういう人が少しでも増えていけば、政治も「道理が通るまともな世界」になっていくのかなと思います。

## 外の世界を見た経験があるからこそ、正しいことへまい進できる

では、どんな人が今、政治の世界に向いているのか。

私は、もともと政治には縁もゆかりもない環境で育ちました。親戚に政治家は一人もいません。企業勤めを経て、生まれ故郷に帰り市長になりました。自分で言うのも何ですが、これは政治において結構「成功パターン」だったと思います。

余計なしがらみがない。後ろ盾がない分、特定の誰かに依存せずに、自分が正しいと思うことに向かって迷いなく動けるからです。

地方の閉鎖性というのは、特定の誰かに依存しないと生きていけないから生まれます。だいたい地域に一人くらい、やたらと力を持っている人がいて、その人に逆らうと村八分のような状態になってしまう。そんな環境に長くいると、力のある人の意見に従わないと何もできないように感じてしまう。

でも私のようにその場所を出たことで、**力のある人に媚びなくても正しいことはできると知り、良い意味でゴーイングマイウェイを貫けるようになります。**

特に企業の経営者の方たちには、ぜひ地方自治体の首長になっていただきたいです。組織経営の経験は、必ず行政でも役立ちます。それに経営者には「自分の生まれ育った地域に貢献したい」「日本のために何かしたい」と本気で思っている方がたくさんいる。

この「地元があったから、私はここまで来られた。これまでの恩義を返したい」という気持ちが何より政治家に必要だと思うのです。

他には金融や法律に携わる仕事をされている方も、行政に向いていると思います。ビジネスの感覚があり、取引や交渉をした経験がある人であれば行政を機動的に運営していけるのではないでしょうか。

## まともでない政治家を伸び伸びさせないために

自分で出馬できなくても、相応しいと思う人を応援するのも政治を変えていくことにつながります。もちろん一票を投じる行動も、大きな力です。

**みんなが政治に関心を持たない状況は、あまり仕事をする気のない政治家にとっては好都合です。**むしろ関心を持たれたら落選する可能性が高まるので困ってしまう。このままでいれば、今の地位は安泰で万々歳。

そういう政治家は選挙のときに「自分に投票してください」とは言っても、「政治に関心を持ってください」「投票に行ってください」とは決して言いません。**その思惑通りにしていて良いのでしょうか。**

まずは関心を持ってほしい。そして行動を起こしてほしいと思います。

13

# 「できないこと」と冷徹に向き合う

自分も役割を果たしたいと思うものの、日々生きていくことで精一杯。目の前のタスクをこなす以上のことに手が回らない……。そう悩んでいる人もいるかもしれません。特に私と同世代の人たちは、仕事に家庭にと、本当に忙しい毎日を送っています。

年齢を重ねるごとにやることに追われて疲れてしまうのは、ある意味では当然のことではないかなと私は思います。

大人になればなるほど、関わる集団や所属する組織・コミュニティが増えていくものです。またそうした関係の中でうまくやっていく社会性も求められるようになります。

子どものときには「誰かの子ども」「この子の友だち」と立場はシンプルで限定されていますが、社会に出て10年以上経てば、社内での関係、取引先での関係など自分が有する関係は増していく一方です。

30代後半から40代に入ると役職が変わり、責任を持って見なければいけない範囲が広がっていくこともあるでしょう。

**どんどん自分の立場や担う役割が増えていく。責任が増していく。そんな中でどう優先順位をつけていいのかわからなくなるから、疲弊するのです。**

そう考えると昭和の時代は、今と比べれば自分が力を注ぐべき立場や役割が明確だったのかもしれません。父親が会社で働き、母親が家事を担うといった役割分担の家庭が多く、その場合、父親は仕事上の立場を優先すべきだということになるでしょう。

ある意味、とてもシンプルでわかりやすいです。そのような時代が良かったとは私は思いませんが、やることが限定されていて役割が明確という意味では、その役割に全力投球しやすい楽さはあったのだと思います。

今の時代は、もっと選択肢があります。いろいろな立場で生きられるようになりました。結婚するか、子どもを持つかどうかもその人次第ですし、家庭を築いたとしてもそれぞれの家庭で夫婦の役割分担は自由に選べる。

仕事の面でも、生涯一社に勤めるのが当たり前という時代は終わりました。転職や副業といった選択肢はどんどん広がっています。移住や二拠点生活によって、地元とは異なる地域コミュニティで人間関係を築いていく人もいます。

## 自分が果たすべきことと、力を抜いてもいいことを考える

**選べる幸せを手に入れた分、他者との関係性は複雑化し、自分の立場はどんどん増えていく。**そんな中で優先順位がなかなかつけられなくなる。限られた時間や体力をどう配分するかとコントロールするだけで疲れてしまう。

そういう意味での生きづらさは、昨今増しているようにも思います。

最近疲れていると自覚している人は、意識して自分の立場に優先順位をつけることで自分の役割を果たしやすくなるのではないでしょうか。

家庭も仕事ももちろん大事だけれど、子どもが小さいうちは父親という立場を優先する、といったように、**ときどき「今の自分にとってはどの役割を優先するべきだろう?」と考えてみる。自分にとっての幸せや大事にしたいことを思い出してみる。**

すると、自分が今、果たすべきことが明確になります。また、少し力を抜いてもいいところや「どちらでもいいから人に任せよう」と思うところがわかるようになります。

## 家族との時間をつくるのも「自分の役割」

私にも経験があります。

ニューヨークに駐在していた頃は特に忙しく、なかなか日本にも帰国できない日々を送っていました。日本にいる親は私のことを心配していたでしょう。あのままでは仕事にばかり没頭し、親とは疎遠になっていたかもしれません。

そんな中でふと、親もどんどん年をとっていくのだなと思うことがありました。年に一回しか親に会わないとしたら、あと何回親の顔を見られるのだろう。限りあるその時間は、自分にとって大切なものだと思い出したのです。

それでどれだけ忙しくても年に一回は、必ず実家に帰省するようになりました。広島の実家まで帰って、親と顔を合わせて一緒に話をし、またニューヨークに戻る。

**その時間をつくることは私にとって果たすべき役割だと。**

自分にとっての幸せを考えたから、自分の立場や役割を思い出した。幸せを実現するには、自分が大事にしたい立場を意識し、その役割を明確にしておくことです。

## 自分が無理なくできる範囲で考えていい

ただし、この場合も感情に支配されないことが重要です。親をどれだけ大切に思うからといって、親のために自分の時間をすべて捧げることはできません。

「親を大切にしたい」という自分の気持ちを大切にするためには、自分にできること、できないことの冷静な線引きが必要です。

そこを見誤ると、ストレスが溜まってけんかばかりになってしまったり、介護疲れで親子関係が破綻したりといったことが起きる。結局、親を大切にできなくなってしまう。

目指したこととの逆の状態になってしまうわけですが、これはよく起きることです。それだけ、感情に支配されないというのは難しいのですね。

**そこで理性が必要なのです。**

たとえば私の場合、今もし親から「同居してずっと自分たちの面倒を見てほしい」という役割を期待されたとしたら、私にはそこまでのことはできないと答えます。その代わりに自分ができる範囲のことを探すでしょう。

資金援助をしたり、ときどき一緒に話す時間をつくったりする。**自分が無理なくできる範囲でやれることを考える。**ある意味、冷徹で情がないように見られるくらいのほうが、真に役割を果たすためにはちょうどいいのではないでしょうか。

# 第3章

# 対立を恐れない

「できることでしたいことは
したらいいと僕は思う」

――『ミステリと言う勿れ　第2巻』(作・田村由美／小学館)

14

# 「おかしいことはおかしいと言い続ける」

**「議会と対立すると政策が通らないのに、そんなにぶつかって大丈夫ですか？」**

このような質問を、よく受けます。

人口約2万7000人の安芸高田市ですが、今や全国メディアでもたびたび取り上げられるようになりました。特にネットで話題になり、時には炎上し、劇場型政治と揶揄されることもあります。

議会とそんなにぶつかって大丈夫？　と質問されるのは、多くの人が「議会を敵に回すとマズイ」「議会に従わないと、政策に対して一方的な反対を受けるだろう」と考えている証です。逆に言えば「市長が議会に大人しく従っていれば、議会は政策を通してくれる」と思われていることになります。

でも考えてみてください。

**仲良くしていれば政策が通る議会など、極めて不健全ではないでしょうか。**

簡単にこれまでの経緯を説明しましょう。
発端は就任直後の２０２０年9月、市議会でいびきをかいて居眠りする議員の姿を目の当たりにし、Ｘ（当時はＴｗｉｔｔｅｒ）上で投稿したことでした。この投稿をめぐる議会との応酬が、全国的に大きな話題となりました。

２０２２年6月10日の市議会では、「居眠りをする、一般質問しない、説明責任を果たさない。これこそ議会軽視の最たる例です。**恥を知れ！　恥を！**……という声があがっても、おかしくないと思います。どうか恥だと思ってください」と発言しました。特に「恥を知れ！　恥を！」の部分が注目され、こちらも全国的な話題となりました。

そもそも地方自治体では、首長と議会議員をともに住民が選挙で選ぶ「二元代表制」という制度をとっています。この制度下では、市長が提案した予算や条例などを実施するには、議会の議決を受ける必要があります。ともに市民の代表である市長と議会議員が、議論を重ねて自治体運営にあたることができる仕組みです。

**だから市長と議会が対立することは、本来のあるべき姿と言えます。——ただし互いに正当な主張をし、対話できる関係であるならば。**

当選後わずか1ヶ月の私にもわかるくらい、目の前の議会が機能不全に陥っていることは明白でした。主張は根拠を欠き、説明責任が果たされていない。そこに、居眠りの問題。

さすがに私の頭にも「この状態で居眠りを指摘したら、ひょっとしたら議会から感情的に反発され、これから自分の提案が通りづらくなるかもしれない」という考えがよぎりました。

## 「議会なんてこんなもの」と慣れてはいけない

それでも私が迷わずＳＮＳで投稿し、その後もひるむことなく議会の不備を指摘しているのには2つの理由があります。

1つ目は、議会の場で居眠りをしている議員がいること、ちゃんと仕事をするべきだということを市民に対して知らしめるべきだと思ったからです。

議員のみなさんは、まっとうな大人で市民の代表です。しかし、中にはこれまで議員としての不足を指摘されることなく、甘やかされて長く続けてきた人、そもそも仕事をする意識が低い人もいます。

私が「説明責任を果たしていない」と指摘しても、まったく悪気なく「なんで自分が説明しなくてはいけないの？」と言う人も。そういう人が私の説得で態度を改めるかというと、そう簡単には変わらないだろうなと思うのが本音です。

ただ、たとえ議員が変わらなくても、それを見ている市民がいます。自分たちの代表として選んだ人が、議会で居眠りをしているのです。

私の発言の狙いは、市民に「こういう状態になっている」と気づいてもらうこと、そして「なぜ？」「この人はちゃんと仕事をしているの？」と問題意識を持ってもらうことでした。

**議会なんてこんなものだと慣れてしまっていては、永遠に変わらないのです。**これはたとえ話ですが、有名な天道説から地動説への大転換は「世代交代」によって成されたという捉え方があります。つまり、天道説を主張していた人たちは、考えを改めることはなかった。それでも世代が変わり、新しい世代の研究者によってはじめて「やっぱり地動説って正しいよね」と認められたということです。

だから、たとえ今いる人たちが変わらなくても**「やっぱりこれはおかしい」「これが正しい」と言い続けることには意味があります。**市長も議員も、市民が選ぶのです。職務を果たしていない人を選び続けるかどうかは、市民が決めることができます。大事なのは、その市民の意識改革のほうです。

「こうありたい」があるから、おかしいことはおかしいと言える

2つ目の理由は、とてもシンプルです。私が「こうあるべき」と思う政治家でいたいからです。

第1章でも述べたように、**私の考える理想の政治家は「良いことは良い、悪いことは悪い」をちゃんと貫ける人です。**

その理想をもとに考えてみると、自分のしたい政策を通すために議会を懐柔するなんて方法を選択するのは、レベルが低すぎます。おかしなことを「なあなあ」にするようなリーダーの率いるまちに、未来はありません。

それでもこれまで多くの市長が、わざわざ議会と対峙せずに、なれ合いに持ち込んできたのは、ある面で合理性があるからでしょう。なれ合いにしたほうが議論をする手間を省けて楽だから。選挙で勝ちやすいから。でも、それは本気で市民のことを考えている政治家とは言えません。

誰しも戦わざるを得ない瞬間があります。自分の尊厳を傷つける可能性がある相手や課題に対しては、逃げずにちゃんと向き合わなければいけない。

**私は「自分のなりたい政治家」になると決めました。だからおかしいと思うことは、堂々と、おかしいと言っていく。**これは私の尊厳に関わる重要な選択だったのです。

私が揺るぎない自信を持って議会と対峙できたのは、このように確固たる「私はこうありたい」という理想像を持っていたからと言えます。

15

# 「対立は本来あるべきもの」

意見の異なる人との対立を避けようとする人も多いでしょう。対立するのは恐い、面倒だといった感情論で避ける人もいれば、そもそも対立するのは道義的に良くないことだと思い込んでいる人もいるかもしれません。

安芸高田市の報道でも「市長と議会の対立が問題になっている」などという言葉がよく使われます。まるで対立すること自体が悪いような言い回しです。

**しかし、そもそも「対立」は悪いことなのでしょうか。**

対立を過剰に恐れたり問題視したりしてしまうのは、まず「対立」という言葉の意味を正しく定義できていないからです。

対立とは、反対の立場にある人が向かい合って立つこと。

このように定義すると、先の項目でも述べたように、**二元代表制においては市長と議会はむしろ「対立すべき」存在だとわかります。**

なぜなら議会の存在意義は、市の執行機関、またその責任者である市長を監視したり評価したりすることにあるからです。

車でたとえるなら、市長はアクセル、議会はブレーキです。市長に権力が集中し、暴走することを防ぐために、わざわざ相反する機能をつくって、互いの権力行使を抑えながら均衡をとる。これが「チェック・アンド・バランス」（抑制と均衡）の考え方です。

だから、**市長と議会がなれ合って、対立構造が正しく機能しなくなると〝アクセル踏みっぱなし〟の状態になります。**とても危険です。

実際に、市長が議会を抱え込んで市長与党を形成することで、市長の「思うがまま」にしてしまっている市もあります。「なぜこれをつくったのだろう？」と疑問に思うようなよくわからない道路や公共施設ができたり、役所がやたらと豪華になっていったりする。

チェック・アンド・バランスの欠如は、市の衰退を招きます。

## 「議会ともっとうまくやれ」は間違っている

このように考えてみると**「市長と議会は仲良くするべき」という意見が的外れなことはわかるでしょう。**

対立しない市長と議会では、二元代表制が正しく機能していないということになります。

アクセルがブレーキと癒着してしまっては、いざというときにブレーキが踏めなくなります。水面下で根回しが行われて、政策の意思決定がされていくような構造では、市民は、本当にその政策が市民のためになっているのか、確かめようもありません。

だから、記録に残らない形での合意形成、いわゆる根回しは害悪だと私は思っています。

ときどき「もう少しバランスを取ってはいかがですか」と言われますが、その「バランス」とはチェック・アンド・バランスのことではなく「議会ともうまくやって政策を通してはどうか」の意味です。その発想が、間違っているのです。

議会での居眠りも見逃し、褒めておだてて機嫌を取っておけば、首長の提案が通る。公の記録に残らないところで、事前に根回しをしておけば、議論せずとも賛成してもらえる。

多くの地方自治体でそんなことをやっているんです。そのほうが楽だから。仲良くしておいたほうが簡単だから、なれ合いで政策を通す。そんな、政策を二の次とするような意識でいれば、政治は道を誤ります。

実際のところ安芸高田市では、私が就任するまでの5年間で赤字を垂れ流している状況でした。それは議会がただの「追認機関」となっていたからです。財政危機を把握していたのにもかかわらず、議会はただの一度も決算不認定をしませんでした。持ちつ持たれつ、なれ合いの状態になっていたことがわかります。

## あるべき対立がないことが、大きな問題

また、対立が必要なのは市長と議会の間だけではありません。政治と、それを監視

する立場のメディアも対立構造であることが重要です。しかし地方紙と地方政治の間には、妙な持ちつ持たれつの関係があります。ここにも長年の関係からなれ合いが生じてしまっているのです。

メディアが監視機能を果たさないと、政治とカネの問題に再びつながる可能性があります。

二元代表制は本当に機能しているのか。地元メディアは本当に中立の立場で報道しているのか。対立という問題ではなく**「本来対立すべきものが、対立していない」という問題が起きていないか。**

これは安芸高田市だけではなく、多くの地方自治体で共通して起きていることです。

16

「対立しているからこそ
**対話が責務**
になる」

大事なのは、対立するからこそ、対話する必要が生まれるということです。

大勢で移動していたとして、分かれ道を前にすれば「右に行きたい」と言う人と「左に行きたい」と言う人が出てくるでしょう。主張が異なり、対立してはじめて「どちらが良いだろう」とみんなで話し合う必要が生まれます。

もし、みんなが「右に行きたい」と言い、意見が揃っているのなら、そもそも話し合いは必要ありません。みんなで迷わず右に行けばいい。

**「対立が対話を阻む」と主張する人がいますが、これはそもそも論拠が間違っています。私たちは一人ひとり異なる存在で、対立しているからこそ、対話が必要なのです。**

しかし、特に地方の閉鎖的なまちでは「対立したら終わり」と思う人が多くを占めているように思います。

大抵の場合、まちに力を持っている人がいて、その人が「次の祭りはこうするぞ」と言ったら、みんなは逆らえない状態。もし「人手がなくみんな困っているので、このように改善できないでしょうか」なんて異なる意見を言ったら「一体どういうつもりだ」と理不尽に怒られる。多くの住民が有力者に追随し、最悪は村八分のような状態に。そのまちでは生きていけなくなってしまう。

みんな一緒が正義。立場が違う人間がいることは決して認められない。そういう考え方があるから、対立は「悪」となり、対立したとたんに人格攻撃で相手を叩き始める。このように、いまだ強固なムラ社会の意識が支配しているのが、日本の地方の現状です。田舎の病と言ってもいいかもしれません。

## 建設的な対立、対話が必要

こうした意識が協調性という形で現れると、ときに良いほうに働くこともあります。でも変化の激しい時代では、変革のダイナミズムをつぶす要因になることのほうが多いでしょう。

そもそも、一人として同じ人はいません。**異なる人たちが対立し、対話するからこそ、一人で考えていては至らないようなところまで到達できる。**

そのシナジーを認められないのは、はっきり言って時代遅れです。

ここまで述べてきてわかる通り、適切な市政のために、わざわざ立場を分けて対立している市長と議会が「対話しない」または「対話を拒む」「打ち切る」というスタンスでいるのは、ありえないことです。市民のために対話する責務を負っているのですから。

ところが、残念ながら安芸高田市の議員には対話する気がそもそもないのではないか、と見えてしまうような方も大勢います。対話ができない、と言い換えてもいいです。

立場が違う人たちの間で議論するときには「AであるならばBである、かつ、BであるならばCである。とすれば、AであるならばCである」といった筋道を立てた主張が必要です。これは基本的な論理的思考法だと思いますが、それができずに話が飛躍したり、感情だけの主張になったりする。そして都合の悪いことは聞かない。

これでは建設的・生産的な議論は到底できません。そのしわ寄せは必ず市民にいきます。

17

「感情的な議決は権力の私物化にほかならない」

相手が対話をする気がないからと言って、こちらから対話を打ち切ることはしてはいけません。それは相手と同じレベルに成り下がるだけ。**常に対話のドアは開けておかなければならない。**

一方で、対話する気のない相手とやり合っても、何も変わらないと思う人も多いでしょう。もし独裁政権のように、特定の人の支配下で、正しく選挙も行われないような環境であれば、私も対話するのは無駄だと諦めます。支配者の考えと異なる意見を唱えても、つぶされるだけだからです。

**私が議論を起こし、問題提起をやめないのは、議会の議決をひっくり返そうとしているからではありません。市民に議会の実態を知らせ、市民が選挙で正しく意志決定できるようにするため。**筋道立てて議論できない、する気がない議員がいることを露わにし、市民に見てもらう。そして正しく判断してもらう。

議会の暴走とも言えるような事件が起きたときは、あえて議論が起こりやすいような行動を選んだこともありました。何が起きているのかを市民に知らせ、議会の主張に正当性があるのか、「公」の論理に沿ったものになっているかを検証してもらうためです。具体的には、副市長案否決、そして定数削減に対抗して、議員定数の半減案を提出しました。

## 同じやり方で提案を返し、議会の正当性を問う

居眠りした議員をＳＮＳで指摘して以降、議会は感情的な反発を強めていました。そして、私の提出した副市長人事案が連続して否決されることとなりました。

これは空席になっていた副市長に、全国から公募した方を登用し、変革を促すことを狙った人事案でした。しかし議会による否決の理由は論理的ではなく、居眠りを指摘し議員の機嫌を損なったことが原因なのでは、と疑っても仕方ない状況でした。

その後、否決の理由を問い質し、再提案の可能性を模索し続けた結果、副市長の定数を2から1にする条例が議会から提出され、可決されてしまいました。理由として述べられたのは「抜本的な財政健全化の必要性」と「市民感覚」でした。

副市長の椅子を奪うことで、副市長案の否決についての議論を封じられてしまったのです。

そこで、この議会の主張に正当性があるのかを検証するため、今度は私から議員定数の削減を提案しました。当時「議会の意思を尊重し、執行部も同様の対応をとるべきだという結論に至った」とお話ししましたが、要するに同じ削減率、同じ理由、同じ手順で議員定数を減らす提案をすることで、「副市長定数の削減」の正当性の有無を問うたのです。

これは感情論による仕返しではありません。財政難を理由に副市長の定数を削減したのだから、「では議会はどうなんだ」という議論を始めないといけない。**これは議会が是とした論理を、そっくりそのまま議会に向けただけです。**

副市長定数の削減案と同じように、議員定数の削減案も「半減」としました。副市長1人分の人件費は約1200万円。議員の半数、8人分の人件費は約4500万円で、こちらのほうが大幅な歳出の削減が可能です。

予想通り、議員からは反発の声が大きくあがり、この提案は否決されました。

副市長は市長の右腕と呼ぶべき役職であり、その人事だけは議会の承認が必要なことからも、副市長の重要性は明らかです。自分たちは一方的な主張をしておいて、人が同じ主張をすると「ダメだ」と言う。これほど自己中心的な発言はないのではないでしょうか。

## あえて「けんか」を起こして話題にする

立場を入れ替えて主張が成立するかを考える「反転可能性テスト」という手法を取った結果、多くの議員は副市長を減らす場合と、自分たち議員を減らす場合で主張を変えました。これは自分たちの立場を守り、感情を優先させる行い。権力の私物化とも言えるものでしょう。

**このように、あえて議論が生まれるような形で問題提起をした結果、全国的に話題となり、議会の提案にある問題の本質が周知できたと思っています。**

市民からは「子どものけんかのようだ」といった声もあがりました。一見すると、そう見えるかもしれませんが、あえてそうしています。なぜそれが起きたのか。市民は、それを知る必要があります。

18

# 批判や対立は大きな付加価値を生む

異なる意見や批判、対立はときに、大きな付加価値を生みます。

それなのに、多くの人が、批判や対立は「悪」であると先入観を持っています。だから対立が大きく問題視される。

その逆が「黙って仲良くしていればいい」という考え方です。こうした同調圧力によって、日本はかつて大きな過ちを犯しました。そして今も日本のあちこちで無言の圧力が蔓延《はびこ》っています。

**黙って仲良くするほうが良いなら、二元代表制は必要ありません。メディアもこれほど多くの数は要らないでしょう。**

## 中国新聞との対立も、市民の意識改革につながる

最近では、XやYouTubeなどを使って、誰でも発信をしたり、直接意見交換ができたりするようになりました。誰かが情報を支配し、あたかもみんな同じ意見であるように見えるようコントロールすることは、実質不可能になっています。

地元誌である中国新聞との批判の応酬は、そんな時代だからできることです。２０２１年、地元誌である中国新聞の質問に対して、私は「一部の声を総意のように扱っていて中立性に欠ける」と反論しました。

ところが何度かやり取りをしていると、記者が「この話を市長としても不毛」と対話を一方的に打ち切った。自分から質問しておいて、私のコメントが気に入らないからといって「不毛なやり取り」とするのはあまりに失礼です。

メディアは政治家や企業を追及する一方、他者からの批判をあまり受けないし、批判されても黙殺することがあります。

しかし今は会見の全編をＹｏｕＴｕｂｅで流すことができる。間違いが認められない、説明責任を果たさないメディアに対して問いただす様子は注目を集め、再生回数もどんどん上がりました。

批判や対立を市民に見える場所で行うことで、それを見ている人たちは、**どちらが**

**正当性のある主張をしているのか、どちらに正義があるかといったことが判断できるようになったのです。**

## 他者からの厳しい声を糧に、自分を成長させる

批判は炎上の燃料にもなりますが、自身の成長の糧にすることもできます。**批判を受けることによって、自分の振る舞いが正しいかどうかを見直し、誤っているところを改善する機会を得る。**これは人も組織も同じです。

そのため私はこれまで、批判も含めて、率直に周りの人から評価してもらう機会を積極的に取り入れてきました。たとえば就任後2ヶ月が経った頃には意見箱を設置し「市長にやってほしいこと」「やってほしくないこと」など職員からの評価を聞くことにしました。耳に痛い話もありますが、批判がなければ成長することができないと思うからです。

他にも庁内では360度評価を取り入れ、上司が部下を評価するだけでなく、部下

が上司を評価することも行っています。私も管理職から評価を受け、その結果を公表しています。

私と市民が直接意見交換できる場を設けているのも、市民からの率直な声に耳を傾ける重要性を感じているからです。2020年の「#市長と語ってみる」を皮切りに、「あきたかたMeet-up」の開催を重ねてきました。

**多様な意見を聞く。たとえ自分にとって厳しい声であっても、まずはそういう声があるということを受け入れる。**それができなくなれば人間の成長は止まってしまいます。

2022年8月には市民の声を市政に生かすための市民モニター制度を使って、安芸高田市議会の評価についてアンケート調査を実施しました。

前市議16人の評価を問うと、「市民の声を聴いているとされた議員」は16人中5人にとどまりました。

これを市の広報を通じて公表したところ、「いかがなものか」と怒りをあらわにした議員もいたようです。しかし、議員というものは常に市民から評価される立場です。議員への評価は、市民のニーズの表れそのものです。その声が受け入れられないというのは、つくづく残念なことだと思います。

19

# 「自己主張してもいい」という空気をつくる

「対立しようにも、さまざまな場面で同調圧力を感じてのまれそうになる」
「一人だとなかなか声をあげられない」
そう悩んでいる方もたくさんいるでしょう。

「対立することは本来あるべき姿なのだから悪いことではない」という前提はあれど、それでも同調圧力が強い社会ではなかなか難しい場面もあると思います。

**どうすれば対立を恐れずに挑戦できるか。一つは損得勘定で割り切ることです。**リスクとリターンを考えて「対立することで得がある」と判断できたら、対立する。得があると判断できなかったら、しない。

そしてもう一つ、有効な方法があります。**周りの人たちを誘導し「自己主張してもいいんだ」と思えるような空気をつくることです。**

たとえば、私がまず率先して「おかしい」「こちらのほうが正しい」と自己主張する。そのうえで、黙って見ている周りの人たちに向かって「あなたはどう思う?」と聞いてみる。

黙っている人たちも、ひょっとしたら言わないだけで「おかしい」と思っているのかもしれません。しかし、これまでの「思ったことを言うとつぶされる」という雰囲気のせいで言い出せない。

**そこに堂々と異を唱える私が現れることで、ここでは自分の思ったことを言っても大丈夫だと思える。**そんな心理的安全性を築くのです。

「そこまで言ってもいいんだ」という意識づくり

一度「自己主張してはダメだ」と思い込んでしまった人たちの意識を変えるには、軽々とその思い込みを越えていく人の姿を見せることが、もっとも効果的です。

「飛べなくなるノミ」の話があります。ノミは20センチメートル以上ジャンプする能力があるらしいのですが、瓶などに入れて一度蓋をすると、その蓋までの高さしか飛ばなくなるそうです。蓋を開けてもその高さ以上に飛ぶことがなく、本当は瓶の外に出られるはずなのに、出ることができなくなる。

では、この飛べなくなったノミはどうすれば再び高く飛ぶようになるのでしょうか。

それは、よく飛ぶノミを連れてきて、飛べなくなったノミに見せることです。蓋の高さを越えて高く飛べるノミの姿を見て、他のノミも「本当はあそこまで飛べるんだ。飛んでもいいんだ」と思い出す。

私は特に市役所の職員に対して、この意識改革を促してきました。まず先陣を切って私が議会に「おかしい」と言ってきた。すると、次第に職員たちも自分の考えを口にするようになったのです。

そして今では副市長や職員たちが、議会の場で、議員たちに向かってしっかり正論を返せるようになりました。

## 市役所職員たちも変わってきている

安芸高田市の議会の様子をライブ配信したＹｏｕＴｕｂｅ動画は視聴回数も高く、切り抜き動画がよくつくられているのですが、最近では私ではなく職員が主役のものがたくさんあります。職員が議員に対して道理の通った主張を思いっきりぶつけ、議員が何も返せなくなっている場面も。

これは市役所の中で「おかしいと言っても大丈夫」という空気がつくられてきた証です。

おそらく私が市長になる以前から、市役所の職員たちは「おかしい」という思いを黙って抱えてきたのでしょう。公務員として働く彼ら彼女らは、本当に真面目です。成果によって給料が大きく変わるわけでもないのに、日々の仕事をきちんと丁寧にこなしている。

その仕事を支えているのは間違いなく「自分たちの手で市民の暮らしを守っている」という市役所職員たちの誇り、プライドなのでしょう。熱い思いがないわけないのです。

これまでは市長と議会が癒着状態だったから「おかしい」と思っても言えなかっただけです。**対立しても罰せられたり責められたりすることがないとわかれば、必ず変わる。**そのことを私は目の当たりにしてきました。

20

# 「戦う敵を見極めよ」

対立は英語で「conflict」という単語で表せます。これは「衝突」とも訳すことができます。

だから対立と衝突を混同しがちなのですが、両者は似て非なるものです。

**対立はあるべき姿ですが、衝突は「ぶつかり合う意義がある」そして「勝てる見込みがある」ときにしか仕掛けてはいけません。**

何でもかんでも戦うのではなく、戦う敵かどうかをまず見極めなければいけないのです。

「自分の尊厳」を判断基準にすれば、おのずと戦うべき相手が見えてくる

私の場合、**戦うかどうかを選択するうえでまず大事な基準が「自分の尊厳に関わるかどうか」です。**

たとえば銀行員時代、国の動向を分析するアナリストとして会議に出席することが

ありました。担当している国については、私は専門家として誰よりも詳しい立場でいなければいけません。

もし質問に答えられなかったら、プロ失格。つまり職業人としての自分の尊厳を傷つけることになります。

だから、専門家として会議に出席することはある意味戦いです。対するのは質問をする相手で、「わかりません」と言うことはすなわち負けになる。それくらいの覚悟で事前準備をし、会議に臨んでいました。

また政治家としても、一度「自分が理想とする政治家になる」と決めたら、それに反する行動を取るのは自分の尊厳を傷つけることになります。

どれだけ「議会ともうまくやれ」と言われても、踏み外せない領域がある。そこは真剣に戦わなければいけないのです。

## 自分の尊厳に関わらないことには執着しない

「何が自分の尊厳を傷つけるか」と自問自答すると、自分が戦うべき相手、戦わなくてもいい相手については割と簡単に答えが出ます。

**そのままにしておいても致命的ではないと思うなら「戦うべきか」と悩む必要はありません。**

私は頑固で我が強い性格だとよく見られますが、自分にとってさほど大事ではないことについては、むしろ妥協することが多く、執着しない性格です。

たとえば「夕飯に何を食べるか」といった問題なら、議論している時間のほうが惜しいので相手に思い切り委ねてしまいます。小さい話ですが、市長室の椅子が古くて使いにくいのですが、自分の尊厳に関係がないので、そこに予算を割こうとはせずに、そのまま4年間使い続けました。

自分の尊厳に関わらないこと、戦うべきでないことについては、もはや記憶にも残っていないというのが正直なところです。

## 絶対に譲れないことには、迷わず進む

でも自分の尊厳に関わるような大事なところは、絶対に譲れません。
職業人なら誰もが、プロとして譲れない部分を持っているのではないでしょうか。その譲れない部分については、徹底的に戦うべきです。

中国・戦国時代に活躍した思想家に、孟子《もうし》という人がいますね。
孟子の言葉に「自ら省みて縮《なお》くんば千万人といえども吾《われ》往《ゆ》かん」というものがあります。

**自分の心を振り返って自分が正しいと確信できれば、たとえ相手が千万人であっても、つまりどんな困難があっても立ち向かっていくという覚悟を示す言葉です。**

アナリストの仕事を始めるときに上司が贈ってくれた言葉で、私がずっと心の支えにしているものです。

考え抜いて「戦うべき」と結論づけたのであれば、迷いは不要です。

## 無謀な革命に飛び込むのではない。勝てる戦をせよ

さてもう一つ、戦うかどうかを選択するうえで大事な観点があります。それは「ぶつかり合った結果、戦に勝てるのかどうか」です。

**勝てると思わない戦いを始めてはいけません。勝算のない衝突も「無謀」です。**

こちらも中国の思想家ですが、孫子の言葉には「彼を知り、己を知れば、百戦殆《あや》うからず」があります。

**戦いの際には、敵情を知ることと、客観的に自分を知ることが大切であると説いています。**

相手の主張を知り、どんな状況にあるか考えること。客観的に見て自分自身はどうなのか見つめ直すこと。その二つをしたうえで「勝てる」と思えたら戦う。

私が議員に対して議会やＳＮＳなどオープンな場で衝突しているのは、やりとりが記録に残るからです。

対話をしようとしない、感情的な議決をするといった議会を軽視している議員は、優れた反面教師として活用する。「こういう議員が二度と出てこないようにする」ための予防策になれば勝ちです。

さらに「議会をひっくり返す」というと到底無理だと思われるかもしれませんが、議会は合議制で多数決に基づいています。

議員の中にも適切な対話をする意思を見せている方がいるため、全員が入れ替わらなくても、あと数人が変わるだけで形勢逆転する可能性があるのです。それで議会は正常化されます。

大掛かりな革命を仕掛けているのではありません。
勝てる見込みがあるからやっているのです。

21

# 「自分の責任範囲の中で言うべきことを言う」

このような戦い方をすることができる理由の一つは、市長が独任制の執行機関だからです。独立して職務を遂行し、意思決定することができる立場にいるから、ここまでできる。

しかし、もちろん会社員であれば、違う戦い方をする必要があります。

たとえば私が会社勤めをしていたとして、私は現場担当者として案をつくるが、決裁するのは上司である場合。この関係では、最終的な意思決定をするのはあくまでも上司の役割です。**たとえ上司の意思決定に不満があったとしても「おかしいです。私のやりたいようにやります」とぶつかりにいくことはしません。**

それは私が責任を持って果たさなければならない範囲を超えています。最終判断は上司に任せなければいけないと考えます。

しかし、現場担当者の私にしか見えないもの、わからないことがあります。**実際にどうなっていたか、どんな声を聞いたか、決裁の判断材料となるような情報を上司に伝えるのは、私の果たすべき役割です。**

## 上司にただ不満をぶつけるのはアマチュア

実は私にも苦い経験があります。銀行に入行して1年目、支店に配属されたとき、私がつくった融資の書類について上司から質問を受けました。「この資金の使途はどういった明細になっているのか」と聞かれたものの、取引先のことをよく調べていなかった私は、使途の中身を即答できなかったのです。

「そんなこともわからないのか。何に使うのかよくわからない金を貸してくれと言われて、私が判断できるわけがないだろう」と怒られてしまいました。上司の言う通りですよね。

上司と私は立場が違います。そして立場によって果たすべき責任は変わります。

最終判断するのは上司ですが、正しく判断できるように情報を手に入れて、それを伝えるのは私の役割でした。まずは全力で取引先について調べ、自分のつくった書類について何を聞かれても答えられるようにしておかなければいけなかったのです。

**上司の意思決定に不満があったとしたら、第一に、自分の役割に相応しい行動ができているかを考えるべきです。**正しい情報を上司に提供できているか。上司にわかるように伝えられているか。ひょっとしたら提案が通らないのは、自分の伝え方に問題があったのかもしれません。

まずは自分がすべきことをしっかり果たす。

**それでもやはり納得がいかないというのなら、上司に「どういう考えで、この意思決定をされたのですか」と聞いてみればいいのです。**もしかしたら現場担当者のあなたが知らないような情報を、上司は知っているのかもしれません。

上司の立場になると、自分の考えや選択の背景を、部下は当然わかってくれるだろうと思いこみがちです。部下や後輩が質問することで「そうか、これは言ってあげないとわからないんだ」と気づくことがあるかもしれません。

そのように上司と対話を重ねていく過程で、やっぱりおかしいと思う材料が出てきたら、改めて上司に伝えてみればいいのです。「そうおっしゃいますが、実は先日取引先の方はまったく違うことを言っていたのです」なんて新しい情報が出てきたら、上司のほうも「なるほど、それは知らなかった」と判断を変えることもあるでしょう。そうなれば「言ってくれてありがとう。間違った判断をするところだった」と感謝されることもあるかもしれません。

上司にただ不満をぶつけるのはアマチュアです。

**自分の立場だからわかる、見えることを上司に伝えるのが、部下の責務です。**

## 対話によって新しいアウトプットが生まれる

同時に、上司が「部下は黙って言うことを聞いていればいいんだ」なんて思っているチームは長持ちしません。

意思決定者の立場として考えても、自分のイエスマンばかりを周りに従えているのは非常に危険なことだと思います。市役所の職員にさまざまな仕事を任せているのは、自分にはない考えをもらうためです。私とは異なる意見を出してもらってはじめて、私だけでは到達できないところに達することができます。

だから私には見えていない問題点を率直に伝えてくれる職員の存在は、とてもありがたいです。

先日も、動画メディアなどにもたびたび出演している安芸高田市歴史民俗博物館の副館長が「市長、今、実はこのような状態になっています。私はこれは問題だと思うのですが……」と現場の視点での課題について報告してくれたことがありました。

市長の私と、現場にいる職員で、見えているものが違う。これもある意味で「対立」です。私には把握できていなかった現場の状況を知る職員が「市長、これはおかしいと思います」と言ってくれるから、対話が生まれる。その情報がなければ、私は意思決定を誤っていたかもしれません。

真面目な人ほど、上にいる人の意向に沿うようにと頑張ってしまいます。また「上の意向を汲んで尽くすのが仕事だ」と勘違いしている人もいます。

**私は、上の意向を汲んで尽くすだけでは、及第点ぎりぎり不可だと思います。**
会社員や職員は組織から役割を任されています。それぞれの立場での見解を示さないと、給料分の仕事にはならないのではないでしょうか。

まずは意見を言ってみる。実はそれほど恐れることではない

あなたが意思決定者でないのなら、決める責任は相手にあります。**言うなれば「間違っても相手のせい」です。だからあまり気負わず、自分の考えや持っている情報を相手に伝えてみればいいのです。**

日本人には、人前で間違いたくない、失敗を過度に恐れる傾向があるように思います。しかし、一度の間違いが致命的になる状況というのはそこまでないはずです。
それよりも、一生間違いに気づけないほうが致命的です。部下は思ったことが言えず、上司はそれに気づけず、その結果失敗して、お互いに慰め合うか貶し合うことになります。

だったら、まずは自分が言うべきことは迷わず言ってみたほうがいい。間違いだったと明らかになれば、次に生かすことができる。それが成長というものです。

# 第4章

# 変革を起こす

「おそろしいのは燃えつきることではなく
それをなしえぬまま
虚しくくすぶりつづけることなのだ」

——『銀河英雄伝説 第24巻』(作・藤崎竜 原作・田中芳樹/集英社)

「何もしなければ
滅びるだけ。
安芸高田市を
「続ける」には
**「変える」**しかない」

変化の激しい昨今、これまでのやり方を続けるだけでは早晩行き詰まるのは目に見えています。変革が迫られているのは地方政治だけでなく、ビジネスの世界でも同様でしょう。特に私と同世代の人たちには、管理職など会社全体の変革を担うポジションに就いている方も多いのではないでしょうか。

**危機は意外と静かに始まります。「やばい」と言い出したら、もう本当にまずい状況です。その前に変革を行わなければいけない。**

改善と改革は違うという話があります。**現状を肯定して良くするのが改善。現状を否定して良くするのが改革。変革は改革のその先にあります。**

今あるものを否定するのは、誰もができればやりたくないと思うものです。これまでに慣れている人たちから反発も受けるでしょう。でも、今やらなければつぶれてしまう。だから、現状と対峙し、戦略的に取り組まなければいけないのです。

## 現実を直視し、考える機会をつくる

私が市長として担ってきた変革の中で、一番大きなものが財政再建です。

２０２３年、山梨県の市川三郷町でこのままでは財政破綻の危機に陥るとして「財政非常事態宣言」が出されましたが、実は同じような財政状況となっているまちは他にもあります。何なら数字だけ見れば、安芸高田市のほうが少し悪いくらいの状況でした。それでも市民はその状態を知らなかった。このままではあちこちのまちで、財政非常事態宣言が出されることになります。

市長と議会が癒着関係にあると、市民の知らないうちにどんどん悪い状態になり、気づいたら破綻している、ということが起こりうるのです。そして問題を先送りにしてきた市長は退職金をしっかりもらって、悠々自適の老後を送るわけです。

**市の変革といった大きなことは、私一人では起こせません。つまり、市民のみなさんにも覚悟を決めてもらわなければいけないのです。**

そのために重要なのが市民への情報の共有でした。変わるためには、市民にこのまちの現実を直視してもらわなければいけない。

これまで何をしてきたのか（してこなかったのか）。今、何が起きているのか。このままだとどうなるのか。これをしっかりと市民に公開することにしたのです。広報誌などを通じて訴えるほか、市民が市政を知り、考える機会として財政説明会をたびたび開催しました。

広報誌で連載しているコラム「私のお気に入り」では、さまざまな公共施設を紹介しつつ、その運営にかかる費用も明らかにしました。市のお金がどれくらい使われているのか、採算見直しによって赤字をどれくらい縮小できたかといった情報を知らしめてきたのです。

たとえば２０２０年にできた道の駅「三矢の里あきたかた」は一見すると盛況で、「お客さんがたくさん来ているから、さぞ儲かっているのだろうな」と市民からは見えていると思います。しかし、実は事業の採算は取れていません。年間２７００万円ほどの赤字を垂れ流しています。出血大サービスもいいところです。その赤字を市のお金で補填しています。つまり、このままでは持続不可能です。

他にも、いつも割と空いている市内の温水プールには、市が毎年５６００万円ほどの指定管理料を支払っています。

このように、機会があるごとに現状を伝えてきました。市政にも財政感覚を身につけてほしいからです。

## 「数字」を使って意識を変える

市長になった私が「このままでは20年後には市が消滅します」と言ったとき、おそらく多くの市民は「いやいや、そんなはずないでしょう。今度の市長は大げさだな」と楽観的だったと思います。**しかし、数字で説明すると反応が変わります。**

数字は最強の武器です。**反論しようのない事実を突きつけられてはじめて「やばい」とわかる。**これは前職で得たノウハウで、データを必ず主張の拠り所にするようにしています。

現状を伝えた上で、私は問いかけました。

「公共施設をなくすのはいやですよね。近くの図書館がなくなるのは不便かもしれないけれど、市の中心には図書館があるからそれを利用できますよ。それよりも何も削減しないでいて、将来、水道料金が倍の金額になるほうがいやではないですか？」

**過去と現在を分析すれば未来が見えてくる。**実際に「これは確かにまずい。どうにかしなければいけない」と気づいた市民がたくさんいたはずです。

何をやめるべきかを取捨選択するのは行政レベルでやらなければいけませんが、そのためにも市民の意識改革が必要だったのです。

23

「自分の生き様を守るためなら、人は動く」

財政再建を成し遂げるうえで、誰よりも覚悟を決めてもらわなければいけなかったのが市の職員たちでした。

職員たちは厳しい財政状況を知っていました。しかし、これまでの市長と議会のなれ合いを見ていて、声をあげることができなかったのです。そのうちにだんだん危機意識が麻痺していき「自分が定年を迎えるまでは大丈夫だろう」と問題を先送りするようになっていった。

市長に就任して、市の財政状況を詳しく知った私は、職員たちに向かってこう言いました。

---

このままだと、間違いなく市はつぶれます。

あと5年から10年はもつでしょうから、今、管理職に就いている人たちは、おそらくギリギリ退職金がもらえるでしょう。でも、目の前にいる部下たちは地獄を見ることになります。

そして市民はどうなるでしょうか。生まれてきた子どもたちは、大人になる前に自分の生まれた市が財政破綻することになります。若い世代の人たちはみんな逃げ出します。残るのは高齢者や、なかなか逃げられない弱い立場の人たちです。

そんなことになったら、みなさんがこれまで頑張ってきたことは一体何だったのだろうと思いませんか？


---

この問題は職員たちの、職業人としての尊厳に関わる問題なのだと話したのです。市の職員たちには必ず「この市のために働いてきた」という自負や誇りがあるはずだと私は確信していました。プロフェッショナルとしての職員たちへの信頼があったから「これは短期決戦でやります。議会との衝突も辞さない」とも語りました。

**職員たちは、これが自分の尊厳をかけて取り組むべき問題だと気づき、おのずと覚悟が決まっていったのです。**

## 周囲を巻き込み、改革を成し遂げる

ちなみに、なぜ「議会との衝突も辞さない」と言えるかというと、財政再建の大部分は議会の意向を無視できるからです。歳出を増やすには議会の承認が必要ですが、歳出を減らすのは市長の権限で実行できます。

もし今が、従来のように市が成長していくことを前提とした社会で、どんどんお金をかけて新しいことをやっていきたいというのが私の戦略だとしたら、議会と衝突してはうまくいかなかったでしょう。その場合は他の手を考える必要があったと思います。

しかし今は持続可能な市にするために取捨選択をし、優先順位の低いものをどんどんカットしていくことが重要な局面です。それは自分一人の権限でできる。だから「議会との衝突も辞さない」と言ったのです。

しかし、**私の権限で決められるとしても、私一人が把握できることには限界があります**。どこをどう削れば市民にとって良いのか、それを判断するには職員たちの力が必要です。さまざまな部署で働き現場を知る職員たちに「市長、ここは無駄だと思うのですが、どうでしょう?」と提案してほしい。もし、どこを削減すべきかをそもそも考えずに前例を踏襲しているならば、それは非常に問題です。

## 前例を踏襲してしまうのは、自分ごとになっていないから

**前例踏襲は、みんなにとって「他人ごと」だから起きます。**前のやり方を続けることは、自分にとって特に深刻な問題ではない。しかも、前のやり方から変えようと熱心に取り組んでも、公務員なので特に成果報酬のようなものはなく、自分の給料は上がらない。

だったらこれまで通りを続けていたほうが、仕事は楽だし、心も傷まない。できるだけサボっていよう。このような思考回路になるのは当然のことです。

しかし、これまで市のために尽くしてきた職員たちは、自分の尊厳を守るため「自分ごと」としてこの問題を捉えてくれました。

仕事が自分の生き様を表すならば、頑張りたいと思うのが人間というものです。目立つことをして怒られないようにしよう、そんなふうに消極的だった職員たちが、**今は市の将来を考え積極的に取り組んでくれている。**このことを実感しています。

# 24

「部分最適の積み上げではなく全体最適で考える」

当選時にマニフェストとして掲げた3つの柱。1つ目の政治再建がほぼ成し遂げられたというのは先に述べた通りですが、2つ目の都市開発、3つ目の産業創出についても変革の手を緩めずやってきました。

都市開発のポイントは、「コンパクトシティ化」。**広がりすぎた都市機能を圧縮し、まちを再設計することです。**ハコモノやインフラを維持するだけでも、たくさんの経費がかかります。人口が減り続けている以上、都市機能を集約し、出ていくお金を減らさないといけない。

たとえるなら、どれだけ輸血をしても、出血しっぱなしでは埒があきません。まずは止血しなければいけない。それと同じで、まちを活性化させるには、まず費用対効果が悪い事業の廃止をすることが最優先事項でした。

さらに、まちづくりの基本方針として都市計画マスタープランをまとめ、生活に必要な商業・医療などの都市機能や、居住機能を誘導する区域を定めるといった方針を定めました。

これによって、今後市が目指すべき形がかなり明確になったと思っています。

次に産業創出です。これは長期でのアプローチが必要で、なかなかすぐに結果は出ないだろうと予想していました。しかし幸いにして、任期1期目の間にもさまざまな企業と協働し、協定を結ぶことができました。

この先どのように変革を進めていくか、その指針はすでに固まってきていると十分な手応えを得ています。

## 徹底した情報発信で旧弊を打破していく

就任して1ヶ月経った2020年9月の市議会の答弁で、マニフェスト3つの柱の実現について話したことがあります。**3つの柱すべての取り組みに通じるのは「旧弊の打破」、つまり古い慣習を打ち破ることが必要だと。**その古い慣習の代表が、旧町の意識です。

私の就任時点で、6つの町が合併して安芸高田市になってから16年が経っていました。それでも旧町時代の課題を引きずっており、また市としてのアイデンティティが確立できていないことから、全体最適のための政策に取り組むことができていませんでした。

**部分最適の積み上げでは、全体の効率化はできません。全体最適が果たせてこそ、本当に市民にとって必要な事業が継続できる。**人口減少、高齢化が進む今、コンパクトなまちづくりに向けて事業を整理していかなければまちはつぶれる。そのため丁寧に情報共有を行い、意見交換を続けたことで、ようやく市民の理解が進んできたと思っています。

都市開発を完全に成し遂げるにはあと10年、産業創出にはさらに10年以上かかるでしょう。しかし、どうすればいいかという指針ができれば、それを実行していくだけです。

## 今ある資源の中で、効率を上げる

さらに、財政が厳しい中でも優先順位をつけ、市民の暮らしのために、数々の新しい行政サービスを始めることができました。

たとえば小中学校の給食費の無償化もその一つです。特別な交付金やふるさと納税に頼らず、一般財源の組み替えで実現しています。

子育て世代の負担軽減となるだけでなく、学校での給食費の徴収義務が廃止されるといった教職員の働き方改革にもつながる取り組みです。

**さらに、将来世代を優遇するので、財政における世代間の格差を是正することにもなります。**

また他の例として、保育園では「おむつのサブスク」の導入をしました。子どものおむつをそれぞれの家庭が用意して、一枚一枚名前を書いて持っていっていたのですが、これは親御さんたちの負担はもちろんのこと、そのおむつを管理する側の保育士の負担も大きいです。

そこでそれらの手間を省くために、市がおむつ代を出すことにしたのです。これも家庭と保育の現場、どちらもの負担を軽減できる取り組みです。

このように、なかなか報道では注目されないものの、財源の組み替えでさまざまな取り組みを実現することができました。**どうやってもお金は降ってこないので、こうした取り組みを実現するには、コスパの悪いものへの支出を削減していくしかないのです。**

## 全体最適をとり「ダメージコントロール」を行う

どのまちも無傷ではいられない。**だからこそ被害を最小限に抑える「ダメージコントロール」をしなければいけません。**私はこの考え方を、まんが『沈黙の艦隊』（作・かわぐちかいじ／講談社）から学びました。

ダメージコントロールはもともと、戦闘による被害を最小限に抑えるための応急処置を指す軍事用語です。

潜水艦が攻撃を受けた場合、船体を区切る細かな隔壁を閉鎖し、ダメージをできる限り抑えて艦の機能を維持します。極端な話、その壁の向こうに人が残っていたとしても隔壁を閉じなければならない場合もあります。浸水する範囲を限定し、全体が沈没してしまうのを防ぐためです。

このとき、感情だけでは隔壁は閉められません。そこに大事な部下がいるかもしれない。ひょっとしたら浸水する側の空間に取り残されるのは自分かもしれないのです。だから、これから悪い状態になるというときこそ「全体最適を考える」という理性が必要です。**みんなのために最適な方法を取る。自己犠牲や美徳ではなく理屈で考えて、そうするべきだと思うことをする。**

潜水艦の話ですが、今の日本にも通じるのではないでしょうか。

日本はかつて激動の国際情勢の中で、同調圧力が最悪の形で作用し、大きな過ちをおかしました。

再び同じ過ちをおかしてはいけない。だから、**これからの社会がどのように変化していくか、マイナスな状況にもちゃんと向き合い、未来にどんなことが起きるかを想定する。**ダメージを受けたときに、全体最適のためにはどこをカットするか、どう守るか。このように理性で考えて取り組むべきです。

# 25

「

「世界で一番
住みたいと思える
まち」をつくるには、
市民が思いを
共有することから

」

これまでたびたび私が口にしてきた言葉があります。「安芸高田市を、世界で一番住みたいと思えるまちへ」。これについて「世界で一番住みたいと思えるまちとはどういうことですか?」と質問を受けてきました。

しかし私はあえて説明しませんでした。まずはみなさんに「市長は一体何を言おうとしているんだろう?」という問いから、「世界で一番住みたいと思えるまちとはどういうことか」を考えてほしいと思ったからです。

ここで改めて、私の考えを説明します。

まず「世界で一番」は「この世で一番」とも言い換えられます。要は自分にとって特別な存在、**かけがえのない存在という意味です。**

**次に続く言葉は「住み〝たい〟」であって「住み〝やすい〟」ではありません。**快適さ、便利さを求めれば、多くの人は都会に向かいます。そうではない価値観を重視したいと考えました。

そして**「と思える」という部分が一番重要です。**

「住みたい」の理由は、住民の数だけ存在します。それを皆で共有したいと願いました。ＳＮＳにある「いいね」という仕組みが示す通り、主観的な評価を客観的に捉えていけば、そこに経済的な価値も生まれます。

それが私の「世界で一番住みたいと思えるまちへ」という言葉の真意です。「この市に住みたいと思える理由」を分かち合うことは、市民としての意識や市に対する誇りの醸成につながっていきます。

## このまちに恩返しをするために、帰ってきた

では私はどうして安芸高田市に「住みたい」と思えるのか。その理由は極めてシンプルです。このまちで生まれ、このまちに育ててもらったから。恩返しをしたい人がここにいる。だからこうして戻ってきました。

ニューヨークに駐在していたとき、仕事で何回かアルゼンチンを訪れました。安芸

高田市で生まれ育った人間が、ついに地球の裏側にあるアルゼンチンまで来て仕事をしている。そう思ったとき、不思議と故郷である安芸高田市への感謝の気持ちが湧いてきたのです。

孔子の言葉に「義を見てせざるは勇なきなり」とあります。**「人としてなすべきことと知りながら、それを実行しないのは勇気がないからである」**という意味ですが、私は故郷へ恩返しに戻ることが「人としてなすべきこと」だと思った。だから戻ってきたのです。

きっと市民一人ひとりに、このまちに住みたいと思う理由があるはずです。それを共有していくことは、まちの大きな力になると思っています。

26

# 「シビック・プライド」を日本全国に

シビック・プライドは「地域に対する住民の誇り」を指す言葉です。郷土愛のように単に地域への愛着を示すのではなく、自分自身が地域の構成員であると自覚し、権利と義務を持ってそのまちを良くしていこうと活動する主体としての市民性という意味を持っています。

シビック・プライドを醸成するにあたって、第一に安芸高田市の場合は、旧町の意識をぶち壊していかなければいけません。

いまだに旧町のくくりで呼び、同じ市なのに「よその町」と呼ぶ人たちがいます。そういう意識があるから、旧町ごとに祭りをしていたり、旧町のそれぞれに文化センターや図書館があることにこだわっていたりします。

そもそも町を統合して市にしたのは、行政を効率化するためだったはずなのに、これでは統合の意味がありません。そりゃあお金も足りなくなります。

だから**「市としてはどうか」という視点で全体最適を考えていく必要があるのだと、事あるごとに職員や市民に訴えてきました。**

市としての意識を持ち、全体最適を考える。その施策の一つが安芸高田市スポーツ協会の設立です。

それまで安芸高田市では、旧町の施策を引き継ぎ、スポーツ振興のための補助金を個別に各スポーツ団体に出してきました。しかし市としてのスポーツ振興を考えると、これは効率が悪いです。たとえば野球チームだけでも、旧町にチームが点在するのですから。

それぞれ別々に補助金を出すのではなく、市としてのスポーツ振興にまつわる課題を集約したほうが、効率よく効果的な施策を行えるはず。そこで個々の団体が加盟する協会を設立し、窓口を一本化して、スポーツ振興をより機能的に進められるようにしました。

このように、まずは旧町ではなく市としての意識を持てるように、さまざまな領域での統廃合と効率化を進めてきました。

## 市の魅力ある資源を活用して、市民のやる気を引き出す

その上で、シビック・プライドはどのようなところから醸成していくことができるのか。

安芸高田市では市民が市へ愛着を持つことにつながる施策として、3つの軸を持っています。「毛利元就《もうりもとなり》」「神楽《かぐら》」「サンフレッチェ広島」です。

ここで少しご紹介させてください。

まずは毛利元就。**安芸高田市は、戦国時代に中国地方のほぼ全域を制覇し、一代で大国を築き上げた「戦国の雄」毛利元就が生涯を過ごしたまちとして知られています。**

毛利元就が本拠地とした、広島県最大の山城である郡山《こおりやま》城跡や、若き日の元就の居城である猿掛《さるかけ》城跡、毛利家墓所などがあり、歴史好きな方から人気を集めています。

次に神楽。神楽とは太鼓や笛などのお囃子とともに、華やかな衣装や神楽面をつけた人たちが舞うものです。

**戦後、ＧＨＱの指令で神道色の強い神楽が禁止されたため、安芸高田市の神楽は宗教色を廃した新しい芸能として独自の進化を遂げました。**エンタメ性が高く、いわゆる日本の昔話を土台にしているのでわかりやすさもあり、誰もが楽しめます。

そしてサンフレッチェ広島。安芸高田市には、サンフレッチェ広島の練習拠点である安芸高田市サッカー公園があります。また、ユースという高校生を中心とした組織が安芸高田市にあり、**サンフレッチェ広島の選手の約半数がこのまちで育っているのです。**

どれも応援しがいのある、魅力的なまちの資源です。しかしこれらを観光に活用するだけではなく、市民のやる気を引き出すために使うことが大事だと思います。**魅力的な資源のあるまちの市民として「安芸高田市」に誇りを感じてほしいからです。**

しかし、これも旧町の意識が弊害となっていました。毛利元就の本拠地だった郡山城跡や、サンフレッチェ広島の練習拠点などは市の中心部である旧吉田町に集中しています。だから他の旧町の人たちは「あれは吉田町のものだから」と少し距離を置いていました。あまりにもったいないことです。

## 自分が楽しむことで、熱狂の輪を広げる

そこで、まず市長である私が率先してサンフレッチェ広島を応援することにしました。たとえば、サンフレッチェ広島のユニフォームを市長室に飾ったり。

**ムーブメントは、楽しそうに夢中になるたった一人から始まります。**

まず私が楽しそうに応援することで、市全体の応援の動きが盛り上がっていくのではと期待したのです。

さらに、職員がサンフレッチェ広島のユニフォーム等を着用して業務を行う「サンフレッチェ広島応援ＤＡＹ」の取り組みを始めたり、試合のパブリックビューイングの実施を推進したりしました。

すると期待通り、少しずつ熱狂の輪が広がり始めました。

それに、もともと職員の中には、私よりも熱烈なサンフレッチェサポーターがたくさんいました。市の取り組みでサンフレッチェ広島を応援するようになったことで、ここぞとばかりにサンフレッチェサポーターであるということを前面に出せるようになったようです。

市長が盛り上がり、市役所が盛り上がれば、そのムーブメントが市民にも広がっていく。サンフレッチェ広島を通じて「市」としての意識を高め、サンフレッチェ広島のいるまちの市民として誇らしい気持ちも醸成されていく。

もちろんスポーツ事業はお金を生み出すことも期待できます。ただ、それ以上に私は、応援できるものが地元にあるという楽しみは、市民の精神的な豊かさにつながっていくと思うのです。

みんなで一致団結できる幸せ。そして、サンフレッチェ広島によって安芸高田市というまちの名前が歴史に残る。たとえ１００年後まちがなくなっても。

安芸高田市だけではなく、人口減少が続く日本は、どうしても経済的には苦しくなっていきます。そこでこれからは、住む人たちの精神的な豊かさを充実させていくための施策に、力を注いでいくのが大切なのです。

だからこそ、**シビック・プライドは安芸高田市だけではなく、日本全国で醸成すべきだと私は考えています。**

27

# 「市長としての仕事を拡張し、インフルエンサーになる」

さて、ここまで市の変革を起こすために私がどのように考え、取り組んできたかを書いてきました。しかし変革が必要なのは市だけではありません。市民や職員に変革を求めるために、私自身も変化する姿を見せてきました。

具体的にはみずから「インフルエンサー」になると決めました。

人口が減り続ける中で、内需だけではこのまちの経済は維持できません。だから外需を取りに行くことが必要です。**外需を伸ばすには「インフルエンサー」をつくるという手段が有効で、安芸高田市の場合は、市長がインフルエンサーに適任だと考えたのです。**

そのような考えから、SNSを駆使して情報発信を始め、現在はYouTubeでのライブ配信にも力をいれています。

もともと積極的にSNSで目立ちたいタイプではありません。最初のうちは配信をしながら画面に映る自分を見て「何やってるんだ、こいつは」と思ったこともありました。それでも、**これは市長としての仕事を拡張してみる挑戦だと思って取り組むこ**

**とにしたのです。**

役所のようなところでは炎上を嫌がり、コメント欄を制限する場合が多いのですが、安芸高田市ではコメント欄はフルオープン。書き込まれるコメントには可能なかぎり目を通して、毎回のライブ配信に臨んでいます。

正直いろいろ手間はかかります。配信した動画を見直して改善点を考えたり、事前準備として話すことを考えたり。構成・演出・出演はすべて自分。しかも個人的な私の懐には一円も入らない。しかし、市の収益にはなります。

今や安芸高田市の公式チャンネルは登録者数25万人を超える規模まで成長しました（2024年4月現在）。月に相当の収入があります。中国新聞の発行部数が50万部を切っているので、まあまあ影響力のあるメディアと言えるのではないでしょうか。

## 新しい挑戦には、損失と利得の分析が必要

私も銀行員時代には、まさか自分がインフルエンサーになろうとは思いもしません

でした。
これまでとはまったく違う、新しい挑戦。私は何かに挑戦するときにあまり躊躇するタイプではありませんが、多くの人にとって、新しい挑戦には勇気が必要です。

**勇気というのは感情の発露のように見えるかもしれませんが、これも覚悟と同じで、計算によって生まれるものだと私は考えています。**新しい挑戦をする損失と利得を計算して、「やったほうが得だ」と思えたときに行動できる。計算がない勇気はただの蛮勇です。失敗のリスクも高くなります。

ＹｏｕＴｕｂｅでのライブ配信には、「これはやったほうが得だ」と思える勝算がありました。

市役所にはさまざまな声が届きますが、ある時期から私宛のメッセージが爆発的に増えたのです。毎日何十件ものメッセージが届き、しかも市政の話だけではなく、人生にまつわるさまざまな質問や相談といった内容が多くを占めていました。

そうした声に応えることは、きっと需要があるだろうと予想できた。だからライブ配信を始めることにしたのです。

**出たとこ勝負はしない。運には任せない。勝算があると見込めたことを、戦略的に進めていく。**組織も個人も、同じように考えます。もし新しい挑戦をする覚悟が決まらない、勇気が出ないというのなら、それは損失と利得の分析がまだできていないということ。だったらやらないほうがいい。

**新しい挑戦ができない自分を卑下するのではなく「危ない、危ない。思いつきで飛び込むところだった」と前向きに考えればいいはずです。**

## 損失が限定的ならチャレンジしていい

また、負ける可能性がある、失敗するかもしれないと思ったことでも、その失敗によって失うものが限定されるのであればやったほうがいいこともあります。

たとえば最近、ライブ配信で41歳の男性から「来週告白しようと思っているのですが、どう思いますか？」といった相談を受けました。私は迷わず「告白は絶対したほうがいい」と答えました。

なぜなら告白は損失が限定されているからです。相手からノーと言われたとしても、あなたが失うものとは何でしょうか。もちろんショックだし、恥ずかしい気持ちになるかもしれない。ひょっとしたら告白した相手とぎくしゃくして、疎遠になってしまうかもしれない。損失として考えられるのはこの程度のことです。

一方、もし成功して付き合うことができたら、とても幸せでしょう。**損失が限定されていて、利得が大きい。こういう勝負は迷わずやるべきです。**

# 第5章

# 戦略的に突き進む

「振り上げた刃は必ず最後まで振り下ろせ」

──『キングダム　第56巻』(作・原 泰久／集英社)

28

「迷うのは、戦略が固まっていないから」

第1章では、私にとっての「覚悟」とは何かをお話しし、第2章から第4章まではつの切り口から、その覚悟がどのようなロジックによって支えられているかをお伝えしてきました。

最後の章では、**覚悟が決まったあとの、もう少し実践的なフェーズに話を移していきたいと思います。**

その前提として、戦略という言葉について正確に定義してみましょう。戦略は、もともとは軍事用語です。戦いに勝つための技術が、ビジネス経営や政治の世界にも広がり、目的を達成するための考え方として普及しました。しかし、人によってどこまでを戦略とするかの認識が異なり、さまざまな定義で使用されているように思います。

私の場合は、何かを成し遂げようとするときの実践手法を、**①戦略（Strategy）②作戦（Operation）③戦術（Tactics）の3階層で理解しています。**

ピラミッドの一番上にあたる①戦略は、これから自分がどの方向に向かっていくか、すなわち「目的達成のための方針」を指す言葉です。自分の「こうありたい」という望みや、他者に「こうあってほしい」と期待される役割などから目的を定め、どうすれば自分にできるかを考え、長期的な視点で定めるもの。

その次の階層にある②作戦は、①戦略を実現するための、個別具体的な策略。一番下の③戦術は、作戦に基づいて実施される、詳細な行動やタスクを示したものです。

## こうして私は、戦略的に動いてきた

戦略ピラミッドの考え方で、改めて私の市長としての道のりを整理してみます。

一番上の指針である①戦略。政治家としては「自分の理想とする政治家像を実現する」という戦略を、市長としては「財政赤字を食い止め、生き残りを」という戦略を立てました。これは長期的に見て私がどのような方向に進んでいくかを示したものなので、すぐに変わるようなものではありません。

しかし、**戦略を実現するための②作戦や、作戦に基づく③戦術は、実際に動き出してから状況を見て修正したり、微調整したりしていく必要があります。**

たとえば市長に就任した当初から、居眠りを指摘して議会の問題提起をすることを想定していたわけではありませんでした。よって議会でいびきをかいて寝ている議員を目の前にしたときには、いったんは「眠くならないような答弁にしないといけないな」と発言する程度に留めています。

ただ、議会の機能不全を確認していく中で、「これは正さなければいけない重要な問題だ」と認識した。だからＳＮＳを通じて市民に知らしめて、問題提起した。これは②作戦の追加です。

実際に取り組んでいく場面では、あらかじめ決めていた作戦を順番通り実行するだけでなく、やりながら優先順位をつけ、柔軟に作戦を追加したり変更したりすることが迫られます。

民間出身の方を公募で選んで2人目の副市長に選出することは、当初からやりたかった作戦の一つでした。しかし議会を敵に回す作戦を追加すれば、反発を受けてうまくいかなくなる可能性があります。

こういうときは①の戦略に立ち戻り、作戦の優先度を考えます。**市としての生き残り戦略のためにも、優先すべきは議会の機能不全を明らかにすること、そして市民の意識改革をすることだ。**さらには私の理想の政治家像を実現するという戦略の面でも、間違っていることを間違っていると言うのは重要なこと。このように判断し、作戦の変更を行いました。

**戦略が強固であればあるほど、作戦の修正や変更をすることに迷いがなくなります。常に戦略を実現するための最善策を考えればいいので、進みながら、合理的に判断できる。**「今後提案したことが、議会によって感情的に否決されるようになったらどうしよう」なんてひるむ必要がなくなる。

戦略を立てることでおのずと覚悟が決まるというのは、こういう意味です。

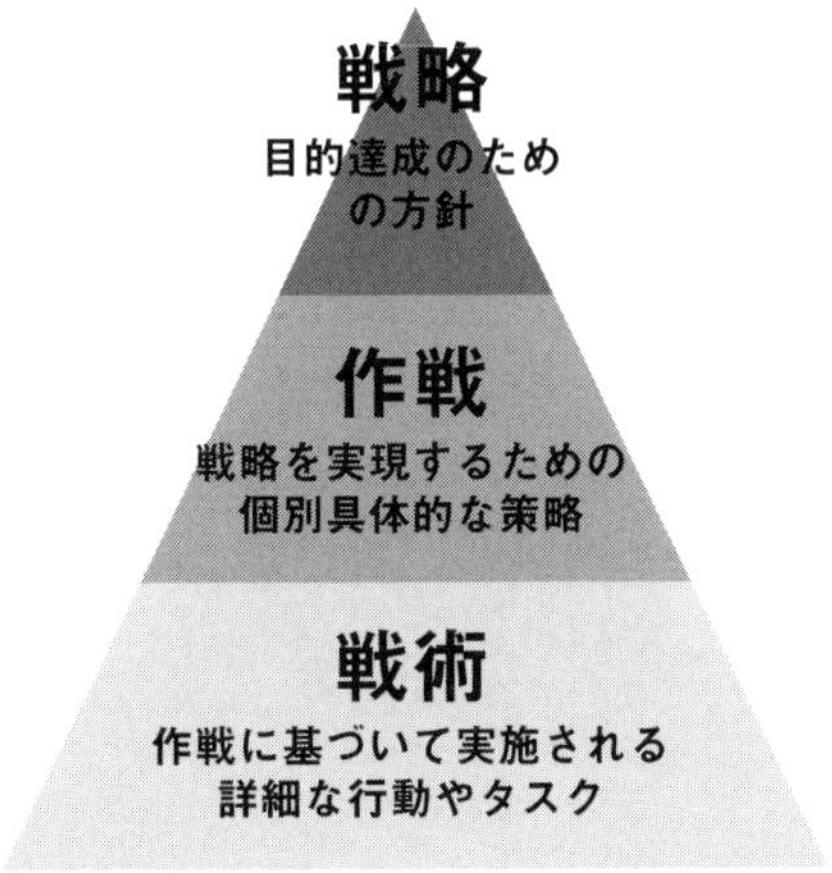


逆に不安になったり、これでいいのかなと迷ったりするときは戦略が固まっていない証拠だとわかるようになります。

## 戦略が定まると、覚悟が決まって踏み出せる

よくあるのは、最初のうちは意気込んで挑戦を始めるものの、現実の厳しさにぶち当たって、戦略を変えてしまうことです。戦略をコロコロ変えると場当たり的な挑戦になって、一歩進んでは二歩下がるようなことになります。

だから「これでいく」とゆるぎない戦略が定まり、覚悟が決まって、ようやく一歩

目が踏み出せる。戦略を練り直すときは振り出しに戻るのだと覚悟して、一歩一歩進んでいくしかないのです。

子どもから大人になる間の長いスパンの中で「将来どのような職業に就きたいか」の考えが変わる人はいるでしょうが、毎日なりたい職業がコロコロ変わっていては何も達成できません。戦略とは長期的な視点から立てるべきものです。

戦略、作戦、戦術というピラミッドの思考フレームワークを常に意識し、それぞれの階層で何を決めるべきかがわかっていれば、迷わなくなる。**私がたびたび言葉の定義にこだわるのは、言葉によって思考が構築されていくからです。**戦略と作戦の使い分けがブレてしまう人は、何をどれくらい軌道修正していいかわからないから、動き始めてから右往左往することになります。

## 『沈黙の艦隊』に学ぶ戦略思考

ちなみに、私がこうした思考法を学んだのは大体まんがからです。特に『沈黙の艦隊』の中では、戦略、作戦、戦術のフレームワークがしっかり実行されています。

このまんがでは、架空の原子力潜水艦を舞台に、主人公の「みずからの思想の実現のために、独立戦闘国家をつくりたい」という戦略にもとづいて、さまざまな作戦が実行されていく設定です。

その戦略の是非はさておき、私の中では戦略というのは、それくらい大きなものだと思っています。周りから夢だと笑われるようなことでもいい。それくらい希望に満ちたものです。

29

# 「作戦の難易度を正しく設定せよ」

新しいことに挑戦するときは、予想しなかった状況にぶつかることもあるでしょう。思うように結果が出ないときは、作戦を変更していく必要があります。

そのときも、むやみやたらに作戦を繰り出すことを防ぐために、**あらかじめ「その作戦はどうなったら成功なのか」を明確にしておくのがおすすめです。**

たとえば政治再建のためには議会の是正に取り組むべきだ。そのためには議員の居眠りを指摘して、市民の意識改革を促そう。こう作戦を立てたとします。

ただ、その作戦を実行したからといって、議会から居眠りがなくなるとは限りません。実際、残念ながらまだ居眠りをしている議員もいます。

この作戦は「居眠りしている議員がいるけど、それでちゃんと仕事をしていると言えるのでしょうか。みなさんはどう思いますか?」と市民に問いかけ、その問題が広く伝われば成功です。

そこからは市民の問題。
「いやいやおかしい。こんな人たちに任せておけない」と思えば、市政に関心を持ってちゃんと監視しなければと思ったり、居眠りをしないような人を投票で選ぶ行動が生まれていったりする。

このように、作戦の段階でどうなれば成功なのかを明確に設定しておくと、自分のやるべきことがはっきりとわかります。

## 作戦の難易度を調整する

さらに、実行段階でなかなかうまくいかない人は、いきなり難易度の高い作戦を選んでいないかチェックしてみるといいでしょう。**難易度が高すぎたら、頑張れば実現できる程度の作戦に調整するのです。**

たとえば私が会社員で、マネジメント職を担っているとします。チームの状況を見て「もっと生産性を上げよう」と戦略を立てました。

次に、それを実現するための作戦を考えます。

どうもチームワークがいまいちで、情報共有がうまくできていないように見えるので、「日々の報・連・相が丁寧にできるチームをつくろう」といった作戦を思いつくす。

ただ報・連・相というのは、実際やってみようと思うと、結構レベルの高い作戦です。

どの程度の内容や頻度で報告すれば、チームメンバーが正しく状況を把握できるのか、成功をどのように定義するかなど、考えるべきことが多いからです。そこで、現状のチームではとても難しい作戦だとわかったとします。

そういうときはどうするかというと、改めて客観的にチームを見てみて、もう少し低い難易度でできることがないかと考えてみます。

「よく見たら、うちのチームは挨拶もろくにできていないな」と気づいたら「まずは明るく元気よく挨拶することを習慣にしよう」と作戦を変える。挨拶ができたらまずは成功。そんなふうに難易度を調整してみるのです。

## 実行可能で失敗のリスクの低い選択肢は何か、冷静に判断する

いきなり難易度の高い作戦を成功させたいと思いがちですが、客観的に自分を含むチームを見つめながら、冷静にできることを選んでいくのが実行フェーズでは重要になります。

また、もしこの作戦に失敗したとして、どれくらいの損失があるかを組織として、個人として、とそれぞれ事前に洗い出しておく。

すると「たとえこの作戦に失敗したとしてもチームには大きな被害がない。個人としても損失は限定的。だから取り組むべきだな」などと、やるかやらないかを合理的に判断できるようになります。

このように考えていくと、失敗が怖くなくなります。

30

# 「自分の責任でない結果はクリアに割り切る」

第2章で、自分の立場と相手の立場を明確に区別しておくことの重要性を述べました。これは実行段階でも役に立ちます。

よく「市長はメンタルが強いですね」と言われます。そう見えるのはおそらく、もともとの性格の特徴に加えて、**自分の立場や役割を、相手の立場や役割と切り離して考える習慣があるからです。**

どこまでが自分の問題で、どこからが相手の問題か、明確に線を引いている。その結果、極端に言えば、相手の問題は「どうなっても私は知りませんよ」と割り切れる。だからメンタルが強く見えるのでしょう。

例として、安芸高田市の道の駅に無印良品の出店を計画したときの話をしましょう。市は2023年6月、道の駅「三矢の里あきたかた」に日用雑貨を扱う無印良品を誘致するための費用を、補正予算案に計上して提出しました。地元の特産品を生かした商品開発や、店舗網を生かした販路拡大が期待できるため、多くの集客につながると考えての提案です。

しかし、議会の多数派が計画に反対し、事実上の白紙になってしまいました。予算を承認しなかった理由も道理が通っておらず、やはり「市長のやりたいことにはとにかく反対したい」という感情的な議決なのではと思っています。全国メディアからも、そのように取材を受けました。

## 自分の責任を果たせていれば、気に病む必要はない

ただ私としては、計画が頓挫したことに対して傷ついたり思い悩んだりすることはまったくありませんでした。

もちろん「良い計画で、市民のためになったと思うのに、もったいないな」とは思います。でも提案を通すかどうか決めるのは私の役割ではありません。

**市長としての自分の役割は、市民にとって良いもの、意味があるものを提案すること。さらに「どうして良いのか」を議会でしっかり説明すること。**そこまでできれば、

成功です。

その提案を通すか、通さないかを判断するのは議会の役割であり、決定の責任は議会にあります。提案し終えた時点で責任は私ではなく、議会のほうにバトンタッチされている。その先でどのような結論に至ったとしても、私が落ち込む必要はありません。

決定の責任は議会にある。その議会の議員たちを選んだのは市民である。だからしょうがない。**かなりクリアに割り切っているのです。**

もし私が「無印良品を誘致できれば、市長としての私の手柄になる」と期待していたら、否決されてがっかりしてしまうかもしれません。でも、私にそういう気持ちはありません。

だから、**たとえ提案が実現しなくても、私にとっては失敗という自己評価にはならないのです。**

否決されてしまったけれど、安芸高田市の議会の問題点や機能不全がさらに露呈した。その点ではむしろ他の作戦で十分な成果が上がったと評価できるくらいです。

## 責任を負うべきことに全力を尽くす

それなのにときどき「議会をまとめるのも市長の仕事だ」とめちゃくちゃな論理をふりかざしてくる人がいます。

そのように言う人は、二元代表制が何たるかを本当に理解しているのでしょうか。議会の意思決定の責任は議員にあります。市民のためにどう考え、どう決めるか。それは議員が果たすべき仕事です。だから私は、責任転嫁しないでいただきたい、とはっきり伝えます。

市長は二元代表制を構成する執行部であり、その役割は提案と、議会に承認されたものの執行。つまり市長の役割はかなり限定されています。**市民のためになると思うことを提案する。「やって良いよ」と言われたことをやる。これだけです。**

たまに他の自治体でも「市長が暴走している」といったような表現がされているの

を見かけることがあるのですが、二元代表制のもとでは本来、市長が勝手に暴走することはできません。それを防ぐために、監視役としての議会があるのですから。

もし市長が誤った施策を執行したのだとしたら、その施策を議会が通したというところに問題があります。市長側との癒着があったのではないか、議会は市民の声を聞き、ちゃんと機能していたのか、などと疑うべきです。

一方で、市長は市役所という組織のトップという立場でもあります。だから市役所のマネジメントについては市長が１００％の責任を負うべきです。たとえば職員がミスをしたとしても、それは市長の組織運営の結果ですから、責任は私にあります。

**どこまでが自分の責任か、その範囲を明確にしておくことで自分の役割に対しては自由に、己のすべてを投下できます。**

自由にやることは「野放図」とは違うのです。際限なく好きにしていい、ということではありません。本当の自由とは、制約を把握することから始まります。制約のラインをちゃんと引くから、そのラインの内側で思い切り自由にやれる。

自分の問題ではないことにも責任を感じて悩みすぎていては、本来の自分の責任を果たせなくなります。

## 責任の線引きをあいまいにしない

ただ日本人の気質として、どこまで自分の責任か、と明確に線を引くことを避けるような文化があるようにも思います。

銀行員時代、アメリカで仕事をするために、研修で文化の違いについてレクチャーを受けたことがあります。

そのとき、「仕事」を床に落ちたボールペンにたとえた話を聞きました。日本ではそれが自分のものでなくても、とりあえず落ちた方向を見て、手を伸ばし拾おうとしがち。しかしアメリカでは、自分のものでなければ拾おうともしない。

さらには「ここから先は私のエリアだから勝手にボールペンを入れないで」と追い

出して押し付け合うこともある。
日本人のほうが優しい印象ですが、組織運営という面では、アメリカのほうが効率的です。

**さらに、横の関係だけでなく、上下の関係でも役割や責任を曖昧にすることがあります。**たとえば上司が許可して部下にやらせたのに、それが間違いだったとわかると「やった部下にも責任があるよね」と半分なすりつけるようなことをする。そもそも意思決定の責任は上司にあるはずなのに、曖昧にしてみんなで分かち合ってしまう。

だからすべての面でアメリカを手本にすべきだとは思いませんが、日本でももう少し、どこまでが自分の役割か、どこまで自分が責任を持つのかを明確に線引きしてもいいような気がします。

# 31

# 「正論はどんどんぶつけるべき」

マネジメントの立場では、作戦の目的をチーム内に周知し、メンバーそれぞれに動いてもらう必要があります。どのように言えばみんなが自分ごととして動いてくれるか、伝え方について課題を感じている人も多いかもしれません。

特に、私のようにまったく畑の違う世界からやってきた人がいきなり経営やマネジメントの立場に就くと、従来そこにいる人たちが拒否反応を抱くのはしょうがないことです。

いきなりワンマンで「私はこうしたいので黙って言うことを聞いてください」と言ってもうまくいきません。

**自分の抱く理想に共感してほしい、理解して動いてほしいと部下に対して思うなら、そのための一番効果的なツールは論理です。論理に勝るものはありません。**

無意識に前提としていることや、論理の過程をすっ飛ばして結論だけ伝えても相手は動きません。だから、長く時間を共有しているわけではない相手に対しては、自分にとって当たり前のことでも一つひとつ言語化し、丁寧に伝えていく必要があります。

## 結論に至るまでのプロセスを丁寧に共有する

あるできごとが、一見するとまったく関係ない事象につながっていくことを「風が吹けば桶屋が儲かる」と表現しますね。これがまさに論理です。

風が吹くと砂ぼこりが立ち、その砂で目を痛める人が増え、目が不自由になった人が三味線を引くから、三味線に張る猫の皮が不足し、猫が不足すればねずみが増えて、あちこちの桶がかじられるから、桶屋が儲かる。

このように一つひとつ因果関係を紐解いていく。一見すると突飛な結論に至ったように見えるものでも、しっかりとロジックに支えられていることが明らかになります。

なぜ自分はそのような意思決定に至ったのか。これからどうあるべきだと思っているか。将来描く理想像は。……**結論だけでなく、その結論に至るまでの考えを伝える時間を惜しまない**。これが、自分の理想を理解して動いてくれるチームをつくるコツだと感じます。

そして、市長として就任してから、職員に対して私が心がけたことでもあります。部長や課長よりも若い市長の話を、職員はきちんと聞いて理解してくれました。

## 正論に酔いすぎて、間違いをおかしていないか

「正論を振りかざす」といった表現でネガティブな印象を伴う場合もありますが、**私は正論をしっかり伝えるのは本来素晴らしいことだと思います**。

正論をぶつけられて「マウントをとられたみたいでいやな気持ちだ」と堂々と言う人もいますが、自分の論理展開が甘いからマウントをとられた。そのことのほうに問題があると考えるべきです。

ただし正論にはひとつ毒があります。**正論を言っているうちに、その正しさに酔い始めて、だんだん判断がおかしくなってきて「正論」ではなくなってしまうことがあるのです。**

酔いすぎては正しく歩けなくなる。正論を言うことには問題がありませんが、酔いすぎてフラフラと正論から外れて、間違ったことを言い出さないかと、注意して自分のことを見ていなければいけません。

特によくあるのが、正しいことを言っているつもりでダブルスタンダードになっていくことです。

状況や相手によって意見が変わったり、矛盾したりしていないか。これは反転可能性テストで確かめることができます。

**もし逆の立場になったとしても同じ主張ができるか、と考えてみるのです。**

## 「あなたはダメだけど私はいい」になっていないか

第3章でも述べたように、議員たちが「副市長定数の削減」を唱えたとき、私が「議員定数の削減」を提案したのはまさに、この反転可能性テストを行ったわけです。

市の執行部に対して「財政健全化のために副市長を半分に減らすべき」と言うのであれば、自分たち議会に対しても同じことが言えますね、と試した。そうしたら「議員を減らすのはだめだ」と意見が変わった議員がいた。つまり相手によって意見が変わったわけです。これでは正義とは言えません。

自分が相手の立場になったとしても同じことが言えるか。これを私は意識して気をつけるようにしています。議員に対して何か批判をするとき「この意見は正しい」と思っても、**発言する前に「それは自分に対しても言えるか。私はできているか」と自問自答します。**

## 「罪を憎んで人を憎まず」

相手に対して、その主張はおかしい、間違っている、根拠がない、もしくは根拠が弱いといった道理のある反論をすること自体は問題ありません。しかし、反論に続けて「だからお前はダメなんだ」とか「こんな当たり前のことがわからないお前はクズだ」と言ったら、これは人格攻撃です。

**あくまでも仕事や主張が間違っているのであって、その人そのものの価値を否定してはいけないのです。**

しかし、これも相当意識していないと、うっかり踏み外すことがあります。

先日、長野県飯山市の市長が、市内の下水道にマスクや下着が流されていることについて市民に注意喚起しようとして、「人間が腐ってきている」という表現を使ってしまったことがありました。

下水にものを流すなんて、人としてどうなんだ、間違っているという見解そのもののには私も賛成です。しかし、それでも「人間が腐ってきている」とまで言う必要はなかった。

人格攻撃を始めてしまっては、議論になりません。

あらかじめ何に対して反論すべきかをきちんと整理しておくと、相手の間違った主張に対して激しく反論することはあっても「人」そのものに対してはあまり腹が立たなくなっていきます。

私が議員を詰めている動画のコメント欄に「(石丸は)罪を憎んで人を憎まず」と書いてあったことがありましたが、この姿勢はとても大事なことだと思っています。

## 感情に支配されると人格攻撃に走ってしまう

しかし私のことを嫌いな人、アンチの中には「坊主憎けりゃ袈裟まで憎い」状態になってしまって、とにかく私に関することすべてが許せないと言わんばかりに、人格攻撃してくる人もいます。

怒りに支配され、とにかくあいつが嫌いだから足を引っ張ろうという行動になってしまっている。

私の足を引っ張ったところで、自分たちの評価は上がらない。何なら評価が下がるということは目に見えているのに、どうしてそんなことをするのだろう。傍から見れば不思議に思えますが、それほど原始的な感情は強い力を持っていて、理性が働かないと簡単に支配されてしまうのです。

理性が働けばわかる話ですが、非建設的で非生産的な行為に限りある人生を費やすべきではありません。

32

「勝ちが見込めなければ勝負しない」

**作戦を立てるには、冷静な自己分析と状況分析が必要です。**

自己分析は、自分はどういう立場にあるか、何ができるか、自分の主張の正当性を考えること。

状況分析は、周りにいる相手や戦う相手の立場や意向、実力、それを取り巻く環境を考えること。この2つを見つめたうえで、適切な作戦を選んでいきます。

私が議会と衝突も辞さない覚悟でやってこられたのは、私が市長という立場にいたからです。戦略上、もっとも力を入れてなすべき財政再建に必要な支出のカットは、市長の権限で実行できる。だから議会と衝突するという作戦が選べたのです。

しかし、状況が違えば選択肢は異なります。

たとえば、もし私が会社に所属していて「自分が一番えらいと思っている」「自分の保身が優先で、やる気がない」古参のメンバーが多いチームのマネジメントを担うことになったとしたら、絶対に同じような方法は取りません。

いくら自分の言うことが正しいからといって「話ができない、聞く気もない」メンバーが多く、しかも団結していたとしたら、リーダーが衝突を仕掛けても勝ち目がないからです。

勝ちが見込めなければ私は勝負をしません。

ではもし、そんな組織のマネジメントを担うとしたら、私ならどのようにアプローチするか。ちょっと作戦を考えてみます。

## 状況分析によって、勝ち目のある作戦を考える

厄介なのは、リーダーの意見を聞く気がないメンバーが団結して勢力を持つことです。だからまずは、それを切り崩すことから始めるかもしれません。

分断統治といって、支配階層が世の中を統治しやすくするために、支配される側の結束を分断して、支配層への反乱を未然に防ぐ方法がありますね。そのような考え方を応用できます。

「一」対「団体」では勝ち目がないため、まずは団体を切り崩して個人にする。そして一対一で話していく。**相手を知り、自分の考えを伝えていくことで、目的に向かって一緒に動ける人を一人ずつ増やしていく。**

何がなんでも衝突するのではなく、それぞれの状況に合わせて勝ち目のある作戦を考えるのが重要です。

# 33

「私たちは
変われるし、
変えられる」

さて、ここまで私は「戦略的に考えれば、覚悟はおのずと決まる」と繰り返し述べてきました。覚悟とは、燃えたぎる情熱から生まれるのではなく、極めて冷静に決まっていくものだと。

ここまで読んだ方が「自分も覚悟が決められそうだ」「なんだか勇気が出てきた」と思ってくださったとしたら、それは私の言葉に熱く心をゆさぶられたというよりも、あなた自身が覚悟に至るまでのプロセス、つまり「覚悟の論理」を手に入れたということです。

私もスポーツ選手のドキュメンタリーや偉人の本、そしてまんがを読んで、勇気づけられることがたびたびありますが、それも同じことです。

**誰かの言葉を聞いて「私もやってみよう」と勇気が湧いてくるのは、他者のやり方を見て「自分もこうすればできる」という理解を得たサインです。**

こう考えればいいんだ。このやり方で臨めばいいんだ。**他者の言葉をきっかけに、自分を動かす思考回路が構築できるのです。**

## 覚悟の論理が手に入れば、迷わず進める

本書で伝えたかった「覚悟の論理」とは、覚悟が決まるまでの思考回路とも言えます。そして、**覚悟は極めて現実的でシステマティックなものです。**

たとえば第2章で挨拶の話をしました。それを読んで「確かに自分の立場や役割を考えたら、元気よく挨拶をしたほうが得だな」と思ったら、明日から少しだけ声を大きく、元気に挨拶することができるはず。

つまり、「この方法は私のありたい姿を実現するのにつながるし、私にもできそうだ」と道筋が見えれば、覚悟が決まっていき、行動に移せます。

## 理想に向かって、冷静に歩みを進める

最後に、大事なことをお伝えしたいと思います。

**うまくいかないことが山ほどある人生だからこそ、こうありたいと思う理想を持ち続けてください。**

理想を持たなくても、生きていけます。むしろ、理想を持たない方が困難が生じず、楽に生きられるかもしれません。しかし、生きがいは得にくくなります。理想を持ち、困難に立ち向かう中にこそ、生きがいはあるはずです。**大きな理想でも小さな理想でもかまいません。何かを願い心を燃やすのが、楽しく生きるコツだと思います。**

さまざまなものと対峙した4年間を経てもなお、いやむしろ以前より増して、私は、自分が思い描く理想を実現したいと強く思っています。

いきなり銀行を辞めて地元に帰ってきた私を、近所のおじいちゃんおばあちゃんが全力で応援してくれたこと。

共に働く中で市の職員の言動が変わってきたこと。

ライブ配信をすれば1万人を超える視聴者がいて、全国から安芸高田市のあゆみを見守ってくれている人たちがいること。

どれも選挙に出ると決める前には思いもよらなかったことです。

私たちは変われるし、変えられる。だからこそ、理想の姿を目指すことを無謀なチャレンジやギャンブルにしてはいけないのです。

# おわりに

**「強い意志を持って突き進む市長の姿を見ていると、勇気が湧いてきます」**

**「どうせ変わらないと諦めていました。でも、市長を見て、私も声をあげることができました」**

**「市長の強い言葉に力をもらいました」**


市長に就任してから4年。

市役所にこのようなメッセージが届くようになりました。


送り主の多くが、政治とは縁のない暮らしをしている方々です。

職場や地域の「しがらみ」に囚われ、正しいと思うことができなくなっていたとき、私の姿を見て何かを感じられた。おかしい、と声に出して訴えるなど、実際に行動を起こされた方もいらっしゃるようです。

市長になったときには、このような声をいただけるとはまったく想像もしていませんでした。

今やＹｏｕＴｕｂｅでライブ配信をすると、多くの方が質問や悩み相談のコメントを送ってくれます。

「市長ならこのような状況で、どう立ち向かっていきますか？」

「市長だったら、どのように決断しますか？」

こうした声を聞くにつれて、**自分のしてきたこと、考えてきたことは、政治の世界に限らず、現代に生きる多くの人たちに通じるのかもしれない、**と感じるようになりました。

多数派に従わない人間を許そうとしない、無言の圧力。
新しいことをしようとすると、精神的な妨げとなって絡みついてくる人間関係。
政治の世界に限らず、日本全国さまざまな場所に同調圧力やしがらみは存在します。
特に地方ではいまだ閉塞的、排他的な空気が支配している場面も多数あるでしょう。

すでに人口増加が止まり、これから人口減少が加速していく日本。これまでの「当たり前」が通用しなくなる中で、合理的な選択をしていかなければいけない。一方で、依然として変化を求めず、変化を拒む雰囲気がある。

**それでも、きっと多くの人たちは、日本を何とかしたい、自分の責任を果たしたい、と思っているのです。**口には出さなくても「変わりたい」「変えたい」と願っている。
この本は、そんな方たちに向けて書きました。

なお本書の印税の著者分は、すべて安芸高田市の収入となります。これも「安芸高田市を何とかしたい」と願い、考えた結果です。

**目指す地点がどれほど遠く、高く見えたとしても、落ち着いて、戦略に落とし込んで考える。その道のりを描いた先で、静かに覚悟は決まっていきます。**

このプロセスが「覚悟の論理」です。願い、考えるという「人を人たらしめる行い」とも言えます。

今、変化が速く大きい時代だからこそ、覚悟は必要です。

みなさん、覚悟はいいですか？

私はできています。自分の信じられる道を歩いていきましょう。

# 覚悟の論理
## 戦略的に考えれば進む道はおのずと決まる


発行日　2024年5月24日　第1刷
　　　　2024年5月28日　第2刷

Author　石丸伸二

Photographer　榊智朗

Book Designer　カバー帯:井上新八
　　　　本文:小林祐司

Publication　株式会社ディスカヴァー・トゥエンティワン
〒102-0093　東京都千代田区平河町2-16-1 平河町森タワー11F
TEL　03-3237-8321(代表) 03-3237-8345(営業)／FAX　03-3237-8323
https://d21.co.jp/

Publisher　谷口奈緒美
Editor　大山聡子　大竹朝子　橋本莉奈　(編集協力:塚田智恵美)

Sales & Marketing Company
飯田智樹　庄司知世　蛯原昇　杉田彰子　古矢薫　佐藤昌幸　青木翔平　阿知波淳平　磯部隆　井筒浩
大﨑双葉　近江花渚　小田木もも　佐藤淳基　仙田彩歌　副島杏南　滝口景太郎　田山礼真　廣内悠理
松ノ下直輝　三輪真也　八木眸　山田諭志　古川菜津子　鈴木雄大　高原未来子　藤井多穂子
厚見アレックス太郎　伊藤香　伊藤由美　金野美穂　鈴木洋子　松浦麻恵

Product Management Company
大山聡子　大竹朝子　藤田浩芳　三谷祐一　千葉正幸　伊東佑真　榎本明日香　大田原恵美　小石亜季
野村美空　橋本莉奈　原典宏　星野悠果　牧野類　村尾純司　安永姫菜　浅野目七重　神日登美
波塚みなみ　林佳菜

Digital Solution & Production Company
大星多聞　小野航平　中島俊平　馮東平　森谷真一　青木涼馬　宇賀神実　舘瑞恵　津野主揮　西川なつか
野﨑竜海　野中保奈美　林秀樹　林秀規　元木優子　斎藤悠人　福田章平　小山怜那　千葉潤子
藤井かおり　町田加奈子

Headquarters
川島理　小関勝則　田中亜紀　山中麻吏　井上竜之介　奥田千晶　北野風生　徳間凜太郎　中西花
福永友紀　俵敬子　宮下祥子　池田望　石橋佐知子　丸山香織

Proofreader　株式会社T&K
DTP　一企画
Printing　シナノ印刷株式会社





ISBN978-4-7993-3042-5　(KAKUGONORONNRI by Shinji Ishimaru)